초등학생
문해
독서
고급 4호

행복한 논술 편집부 엮음

독서를 지도하시는 분
심층 독서가 필요한 학생을 위한 책!

　잎싹은 닭장에 갇힌 채 병아리가 될 수 없는 무정란만 낳다가 죽을 운명이다. 그런 잎싹이 알을 품어 병아리를 갖고 싶은 꿈을 꾼다. 꿈을 이루려면 닭장을 나와 수탉과 함께 지내야 한다. 주어진 상황만 놓고 보면 이룰 수 없는 꿈이다. 『마당을 나온 암탉』(황선미 지음, 사계절 펴냄)의 줄거리다. 『마당을 나온 암탉』은 꿈이 없는 시대를 사는 어린이들에게 가장 소중한 꿈과 도전, 미래 세대에 대한 책임 의식을 불러일으키려고 다뤘다.

　『문해독서』가 선정한 책들은 신문 기사와 접목해 현실에 바탕을 두고 치밀하면서도 융합적 시각으로 접근했다. 따라서 독서 토론의 새로운 이정표가 될 수 있다. 예를 들어 『흥부전』에서는 노동이 없는 소득에 세금을 많이 부과해야 하는 까닭, 흥부의 다자녀 정신과 노블레스 오블리주 정신이 현대에 필요한 이유, 박을 한 번 타고 그쳤으면 나왔을 텐데 마지막 박까지 타서 목숨을 잃을 위기에 빠진 놀부의 투기 심리와 카지노 폐인을 연계한 문제까지 철저하게 경제적 시각에서 조명했다. 1호부터 4호까지 각 호에 들어 있는 12권의 책을 이처럼 융합적 방식으로 읽으면 고전이나 양서를 통해 세상을 보는 지혜의 눈이 뜨일 것이다.

　『문해독서』는 시사논술 월간지 '행복한 논술'이 15년 넘게 개발한 신개념 독서 프로그램이다. 이들 책에는 4차 산업혁명 시대의 초등학생이라면 갖춰야 할 다양한 영역의 배경 지식과 지혜가 담겨 있다. 선정한 책마다 독서의 방향성과 지식의 확장성을 뒷받침할 수 있는 전체 내용 요약 지문과 급별로 7~8개의 심층 질문을 제시했다. 마지막 심층 질문은 시사와 연계해 토론과 논술이 가능하도록 해서, 융합적 사고력과 문제 해결 능력을 키울 수 있다. 한 권의 책을 읽어도 뚫어지게 읽으면서 평생의 자양분으로 삼으면 좋겠다.

행복한 논술 편집부

초등학생 문해독서 고급 4호

차례 보기

과학

1. 『서쌤이 알려 주는 **4차 산업혁명과 미래 직업 이야기**』 ... 07
자기가 사랑하는 일 해야 성공 가능성 커져

2. 『이대열 선생님이 들려주는 **뇌과학과 인공 지능**』 ... 17
인공 지능은 인간의 뇌를 이길 수 있을까

3. 『**초등과학 Q7 날씨 탐험대** 구름과 바람이 만드는 세상』 ... 27
날씨의 변화를 과학적으로 설명

사회 문화

4. 『**생각 깨우기**』 ... 37
생각의 힘이 인류의 문명을 만들다

5. 『어린이를 위한 **정의란 무엇인가**』 ... 47
정의로운 행동은 상대를 배려하는 마음에서 나와

6. 『**슬픈 노벨상** 인류를 구했던 영광의 노벨상, 왜 세계의 재앙이 되었을까?』 ... 57
과학 기술의 양면성 보여 줘

국내문학

7. 『로봇 친구 앤디』　　　　　　　　　　　　67
   로봇과 인간은 친구가 될 수 있을까

8. 『수일이와 수일이』　　　　　　　　　　　77
   자기 삶의 주인공이 되어 사는 법

9. 『긴긴밤』　　　　　　　　　　　　　　　87
   긴긴밤 모험하며 나를 찾아가는 과정 그려

10. 『빨강 연필』　　　　　　　　　　　　　97
    반성할 줄 알고 용기 있어야 좋은 글 써

세계문학

11. 『열두 살에 부자가 된 키라』　　　　　　107
    꿈을 이루기 위한 돈 관리법을 배우다

12. 『갈매기에게 나는 법을 가르쳐 준 고양이』　117
    다른 존재와 더불어 사는 방법을 배우다

답안과 풀이　　　　　　　　　　　　　　127

☞지침서와 추가 문제는 행복한 논술 홈페이지(www.niefather.com) 자료실에서 내려받으실 수 있습니다.

과학

자기가 사랑하는 일 해야 성공 가능성 커져

『서쌤이 알려 주는 4차 산업혁명과 미래 직업 이야기』

서지원 지음, 크레용하우스 펴냄, 188쪽

줄거리

미래 세계는 현재 연구되는 기술을 보면 가늠할 수 있다. 4차 산업혁명 기술은 이미 생활 속에 들어와 있다. 하지만 빅 데이터와 사물 인터넷은 유용하기는 해도 정보 유출의 위험이 있다. 미래학자들은 현재의 직업 가운데 약 80%가 사라지거나 새로운 일자리로 바뀔 것으로 예상한다. 미래에 필요한 인재가 되려면 개인은 비판적 사고, 문제 해결력, 창의력, 소통 능력을 길러야 한다. 그리고 개인의 성공과 행복은 자신이 좋아하는 일을 하느냐에 달려 있다. 오늘날 사회는 각 영역에 인공 지능이 적용되면서 더욱 편리해졌다.

본문 맛보기

4차 산업혁명은 생활에서 일어나고 있어

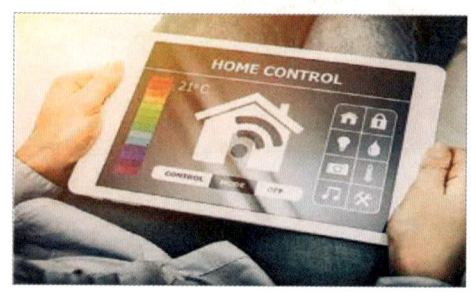

▲4차 산업혁명 시대의 기술인 사물 인터넷인 '홈 스마트'가 가정에 널리 서비스되고 있다.

(가)오늘날 사회는 인공 지능(AI) '시리'와 대화하는 4차 산업혁명 시대에 들어섰다. 이 시대에는 사람과 사물, 컴퓨터가 네트워크로 연결되고, 컴퓨터 속 가상 세계와 현실 세계가 연결되어 있다. 하지만 아프리카에서는 인터넷을 접하지 못한 사람도 있고, 이집트에서는 30%만 스마트폰을 사용한다. 2030년이 되면 나라와 나라 사이의 격차는 더욱 커지고, 컴퓨터나 인터넷을 잘 다루지 못하는 사람은 소외되거나 정보 하층민으로 전락하게 된다. 그럼에도 미래를 기대하는 까닭은, 인류가 한 단계 더 발달한 문명으로 도약할 수 있기 때문이다. (18~24쪽)

가상 세계 지키기 위한 보안 문제 중요해져

▲정보가 홍수를 이루자 빅 데이터 전문가가 등장했다.

(나)빅 데이터란 사람들이 온라인에서 활동하는 모든 내용이 담긴 정보를 뜻한다. 그런데 정보가 너무 많으면 정작 필요한 정보를 찾기 어렵다. 그래서 수많은 정보 가운데 필요한 정보를 찾아 분석하는 빅 데이터 전문가가 2015년 우리나라 직업 사전에 새로운 직업으로 등장했다. 사물 인터넷을 포함해 디지털 기술이 보편화하면서 가상 세계의 보안이 중요한 문제로 떠오른 것이다. 현실에서 도둑질은 사물 인터넷의 위치 추적 기능으로 줄겠지만, 가상 세계에서는 늘어난다. 따라서 가상 세계를 지키기 위한 기상천외한 보안 기술이 등장할 수도 있다. (34~36쪽)

이런 뜻이에요

시리 스마트폰 사용자에게 제공되는 애플의 음성 인식 서비스.
4차 산업혁명 로봇이나 인공 지능(AI)을 통해 실제와 가상을 통합시켜 산업 전반에 걸쳐 생산성이 크게 향상되는 변화.
사물 인터넷 인터넷으로 연결된 기기들이 사람의 도움 없이 스스로 정보를 주고받도록 하는 기술.

본문 맛보기

미래에 필요한 기술 알면 유망 직업 알 수 있어

(다)미래에 필요한 기술을 알면 미래의 직업이 보인다. 인공 지능(AI), 드론, 자율 주행, 유전 공학 등 신기술 분야의 직업은 계속 느는데, 특히 4차 산업혁명의 핵심인 융합형 과학 기술이 새로운 과학 분야의 직업을 만들어 낼 것이다. 로봇 개발자는 더 아름다운 로봇을 생산하려고 예술가와 힘을 합칠 수 있다. 빛을 이용해 영상을 표현하는 홀로그래피 전문가, 안경 또는 휴대 전화의 화면을 통해 현실 세계의 정보를 가상의 이미지와 겹쳐 볼 수 있게 돕는 증강 현실(AR), 인간의 두뇌와 비슷한 장치를 연구하는 인공 지능은 미래 기술이다. (47~51, 54, 60, 63쪽)

▲휘어지는 디스플레이의 개발은 스텔스 기능의 옷을 만들 수 있어 투명 인간도 가능해질 수 있다.

비판적 사고로 무장한 문제 해결 능력 필요

(라)미래 사회에 필요한 기술을 배우려면 비판적 사고를 통한 문제 해결 능력과 창의력, 협동력, 소통 능력이 필요하다. 원칙에 따라 해결할 수 있는 단순한 문제는 로봇이 해결한다. 사람은 예측 불가능한 복잡한 문제를 해결하는 일을 맡는다. 미래에 필요한 인재는 과거와 다른 능력을 갖춰야 인정받을 수 있다. 빅 데이터 시대에는 스스로 관심을 가지고 정보를 찾는 능력이 필요하다. 옛날에는 무조건 한 우물만 파야 성공할 수 있다고 생각했다. 2030년에는 다양한 분야에 관심을 갖고 서로 잘 조화시키는 안목이 더 필요하다. (66~77쪽)

▲미래 사회에는 여러 분야를 통합하고 조화시킬 수 있는 융합 인재가 필요하다.

이런 뜻이에요
홀로그래피 입체 영상을 사진으로 저장했다가 레이저를 이용해 다시 입체 형태로 재생하는 기술.

행복해지려면 사랑하는 일 찾아야

▲자신이 사랑하는 일을 하면 몰입과 열정 에너지가 넘쳐 성공 가능성이 커진다.

(마)미래를 준비하고 성공하려는 이유는 행복하기 위해서다. 스티브 잡스(1955~2011)는 행복해지고 싶다면 사랑하는 일을 찾으라고 했다. 몰입과 열정의 에너지가 넘치면 그처럼 세상을 바꿀 수 있다. 2020년에 필요한 기술 가운데 1위는 복잡한 문제를 해결하는 능력이다. 이를 위해 학교에서도 융합형 인재를 키우기 위해 생각하고 토론하는 교육이 시작되었다. 이를 줄여 'STEAM'(스팀)이라고 한다. 융합 인재가 되는 비결은 사회 전반에 '왜?'라는 질문을 할 수 있어야 하고, 끝까지 파고들어 공부하는 것이다. (80~85, 116~119쪽)

여러 영역에 인공 지능 적용해 더욱 편리해져

▲바둑 게임에 적용된 인공 지능인 알파고는 인간의 한계를 뛰어넘었다.

(바)알파고를 보며 인공 지능의 위력을 실감한 사람들은 다양한 사물에 인공 지능을 적용하고 있다. 인공 지능 자동차는 사람의 감정에 따라 음악과 온도, 습도를 조절한다. 말하는 인공 지능 로봇은 각종 안내 센터에 세워져 친절하게 답변한다. 또 다른 미래 기술인 증강 현실(VR)은 현실에 새로운 정보를 보탠다. 미래에는 가상 현실(VR) 장치를 이용해 필요한 정보를 보는데, 좋아하는 가게 앞을 지날 때는 증강 현실 영상에서 할인 쿠폰이 나타날 수도 있다. 사물 인터넷과 증강 현실, 가상 현실이 결합된 미래의 새로운 서비스는 생활을 더 편리하게 바꿀 것이다. (123~131쪽)

이런 뜻이에요

스티브 잡스 미국의 스마트폰 제조업체인 애플을 만든 기업가.
STEAM 과학 기술 기반의 융합 사고력과 실생활의 문제 해결 능력을 키우는 교육. 과학(Science), 기술(Technology), 공학(Engineering), 예술(Art), 수학(Mathematics)의 5가지 영역을 합친 말이다.
알파고 구글에서 2015년에 만든 인공 지능 바둑 프로그램.
가상 현실 컴퓨터를 이용해 현실과 비슷한 체험을 할 수 있도록 만든 가상의 공간.

생각이 쑥쑥

1 (가)에서 4차 산업혁명 시대에 개인이나 나라들 사이의 빈부 격차가 더욱 벌어지게 만드는 요인은 무엇인가요?

▲앞으로는 컴퓨터나 인터넷을 잘 다루지 못하면 빈민으로 전락한다.

2 (나)를 참고해 사이버 보안 전문가란 무엇이며, 사이버 보안 전문가의 역할이 갈수록 더 중요해지는 까닭을 말해 보세요.

▲가상 세계의 정보 도둑을 막기 위해 보안 전문가가 등장했다.

머리에 쏘옥

디지털 시대의 보안이 중요한 까닭

개인이나 기업, 국가의 중요한 정보는 컴퓨터에 저장되어 있어요. 따라서 항상 유출될 위험이 있습니다.

해커가 개인 정보를 빼내거나 관리를 제대로 하지 못해 빠져나가면 범죄에 악용될 수 있습니다. 기업의 기술 개발 자료가 유출될 경우 그동안 들인 노력과 비용이 물거품이 되지요. 특히 국가의 비밀이 도둑질을 당할 경우 나라 전체가 큰 혼란에 빠집니다.

이에 따라 가상 세계를 지키기 위한 보안 전문가가 등장했습니다. 사이버 보안 전문가는 서버의 보안 프로그램을 만들고, 외부에서 해커의 침입은 없는지 살핍니다. 또 보안 시스템의 허점을 발견해 보완하고, 외부의 공격에도 대비합니다.

생각이 쑤욱

3 (다)에서 자율 주행 기술이 크게 발전했을 때 사라질 직업과 새로 생길 직업을 아는 대로 들어 보세요.

사라질 직업	새로 생길 직업

4 (라)에서 4차 산업혁명 시대에 중요한 성공 요인이 협동력과 소통 능력인 까닭을 (다)에 나오는 로봇 개발의 사례를 들어 설명하세요.

☞사람을 닮은 인공 지능 로봇을 개발하려면 인공 지능 전문가는 물론 공학자, 예술가 등 여러 분야의 전문가가 필요합니다.

▲미국의 로봇 제조사(2021년 우리나라 기업이 사들임)인 보스턴다이내믹스사가 만든 휴머노이드 로봇 '아틀라스'.

머리에 쏘옥

자율 주행 시대 열리면 사라질 직업과 새로 생길 직업

▲과학기술정보통신부 소속 우정사업본부가 2020년 10월부터 시범 운행 중인 자율 주행 이동 우체국 차량.

자율 주행 자동차가 일반화하면 교통 사고가 없어지고, 교통의 흐름이 좋아지게 됩니다. 따라서 교통경찰이나 자동차 보험 모집인이 필요 없겠지요. 택시 운전사와 버스 운전사, 화물차 운전사, 택배 기사 등의 일자리도 사라질 것입니다.

이에 비해 운전석이 필요 없으므로 자동차의 실내를 꾸밀 맞춤형 차량 인테리어 전문가가 필요하게 됩니다. 무인 자동차가 도로를 달리는 데 필요한 첨단 기술을 설계하고 개발하는 무인 자동차 엔지니어와 소프트웨어 개발자도 등장하게 되지요. 교통 상황을 판단하고 분석하는 교통 전문 빅 데이터 전문가도 새로 생길 것입니다.

생각이 쑤욱

5 인공 지능(AI)과 로봇 기술이 크게 발달했을 때 로봇윤리학자가 꼭 필요한 까닭을 자율 주행 자동차의 사례를 들어 말해 보세요.

☞ 로봇윤리학자는 사람을 위해 로봇이 지켜야 하는 행동 규범을 만듭니다.

지난 2018년 차량 공유업체인 미국 우버의 자율 주행 자동차가 보행자를 치어 숨지게 한 사고가 났다. 사고를 낸 차량은 완전 자율 주행 상태에서 시속 62km로 달리고 있었다. 이 사고 뒤 자율 주행 차량의 프로그램을 설계할 때 비상 상황에서 탑승자와 보행자 가운데 누구를 먼저 보호하도록 할지 문제가 생겼다.

▲사고를 낸 우버의 자율 주행 자동차.

<신문 기사 참조>

6 (마)에서 말하는 융합형 인재란 무엇이며, 융합형 인재로 성장하려면 어떤 능력을 갖춰야 하나요?

▲스티브 잡스가 만든 아이폰은 세계 최초로 시각(곡선)과 청각(MP3), 촉각(터치스크린)을 함께 고려한 휴대 전화다.

머리에 쏘옥

융합형 인재에게 필요한 능력

미래학자들은 4차 산업혁명 시대에는 로봇이 대신할 수 있는 단순 노동과 일정한 규칙에 따라 작업하는 직업은 곧 사라질 것으로 봅니다.

그래서 사람은 로봇이 하기 어려운 복잡하고 어려운 문제를 해결할 수 있는 능력을 갖춰야 합니다. 다양한 분야의 지식이나 기술을 융합하는 능력이 필요한 것이죠.

융합형 인재로 성장하려면 여러 분야의 책을 읽어서 문제 해결 능력을 끌어올릴 필요가 있어요.

스티브 잡스는 경제적인 여유가 없어 대학교 1학년 때 학교를 그만두었습니다. 그리고 돈을 내고 자기가 원하는 강의만 듣는 청강생이 되어 서체학과 문학까지 배워 과학 기술과 융합시킨 아이폰을 개발했습니다.

생각이 다른 사람의 의견에도 관심을 가져야 합니다. 생각이 같은 사람의 말만 들으면 자신의 약점을 보완할 수 없지요. 그리고 다른 시각으로 문제를 바라볼 수 없어 효과적으로 답을 찾을 수 없기 때문입니다.

생각이 쑤욱

7 로봇 도입 속도가 너무 빨라 실업자가 많이 생기므로, 로봇세를 물려 도입 속도를 늦추고 실업자를 재교육하는 데 들어가는 비용을 마련하자는 주장이 있습니다. 내 생각은 어떤가요?

로봇세 찬성	로봇세 반대

머리에 쏘옥

로봇세 찬반 논쟁

세계적으로 2030년까지 20명 가운데 10명은 로봇에게 일자리를 빼앗긴다고 해요. 이에 따라 2016년부터 실업과 소득 불평등 문제를 해결하기 위해 로봇을 도입하는 기업에게 로봇세를 물리자는 주장이 나왔어요.

로봇세를 부과하면 그 세금으로 실업자의 생계비를 지원할 수 있고, 직업 학교를 세워 재교육을 시킬 수 있답니다.

하지만 기업이 로봇 도입을 꺼리거나 로봇 도입 규제가 없는 다른 나라로 공장을 옮기는 문제가 생깁니다. 로봇 기술이 더디게 발전해 결국 사회 전체에 손해를 끼칠 수도 있습니다. 그리고 현금 자동 인출기(ATM)도 로봇인데, 왜 세금을 물리지 않는지 형평성 문제가 나올 수도 있지요.

▲로봇세는 로봇이 생산하는 경제적 가치에 매기는 세금을 말한다.

생각이 쑤욱

8 4차 산업혁명 시대에 유망할 것으로 보이는 직업을 한 가지만 소개하고, 내가 그 직업을 가지려면 어떤 노력이 필요한지 자기 점검을 해 보세요(400~500자).

> 4차 산업혁명 시대에 살아남는 직업은 정교한 동작, 창의력, 협상과 설득 능력, 공감 능력이 필요한 영역이라고 말한다. 유망한 미래 직업을 크게 두 가지로 보면 하나는 4차 산업혁명을 선도하는 정보 통신, 인공 지능(AI), 로봇, 드론 분야 전문가와 생명공학자, 환경공학자, 신재생 에너지 전문가 등이다. 다른 하나는 개발이 어렵거나 비용이 많이 들고, 유연한 동작과 대응이 필요한 영역에 속하는 직업이다. 노인이나 환자, 어린이 돌봄 서비스가 있다.
>
> <신문 기사 참조>

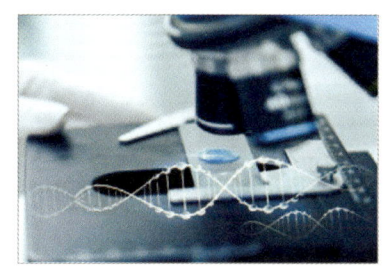

▲생명공학자도 4차 산업혁명 시대 유망 직업이다. 생명공학자는 생물의 유용한 기능을 이용하기 위해 인위적으로 조작하는 등의 연구를 한다.

과학

인공 지능은 인간의 뇌를 이길 수 있을까

『이대열 선생님이 들려주는 **뇌과학과 인공 지능**』

이대열 지음, 우리학교 펴냄, 128쪽

줄거리

생명체는 유전자를 다음 세대에게 물려주면서 살아남았다. 유전자는 자신을 보존하기 위해 자기 복제와 단백질 생산에 집중하려고 뇌를 만들었다. 뇌는 스스로 판단해 신경망으로 연결된 근육을 움직여 생명체의 안전을 책임진다. 호기심이 많은 뇌는 다양한 학습을 통해 문제 해결 방법을 찾고, 생존에 필요한 지식과 정보를 쌓는다. 인공 신경망인 인공 지능이 점점 똑똑해지는 까닭은 인간의 뇌처럼 학습 능력이 있기 때문이다. 집단 생활을 하는 인간의 뇌는 자신에 대해 생각하면서 다른 사람과 잘 지낼 수 있는 방법을 찾는다.

> 본문 맛보기

지능은 다양한 상황에서 최선의 결과 선택하는 능력

▲알파고는 바둑은 잘 두지만, 다른 능력은 가지지 못해 지능이 높다고 할 수 없다.

(가)어려운 문제를 푸는 능력이 지능의 높고 낮음을 판단하는 유일한 기준은 아니다. 알파고는 세계 최고의 바둑 기사 이세돌 9단을 이길 정도로 바둑을 잘 둔다. 하지만 그 밖의 다른 능력은 갖추지 못했다. 바둑은 잘 두지만 혼자서는 밥도 먹지 못하고 말도 하지 못하면, 그 사람은 지능이 높다는 평가를 받지 못한다. 지능이란 다양한 상황에서 그때 가장 좋은 결과를 낼 수 있는 행동을 선택하는 능력이다. 사람이 살면서 만나는 문제는 항상 변하고, 해결책도 여러 가지가 있을 수 있다. 정답이 정해진 것도 아니다. (33~37쪽)

근육을 가진 존재는 지능이 있다는 증거

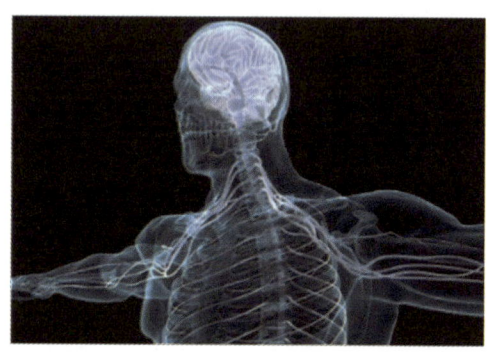
▲단백질이 뭉쳐져 뇌와 근육이 만들어지는데, 근육이 있는 존재는 지능을 가진다.

(나)동물은 생존과 번식에 필요한 멋진 시스템을 가진다. 유전자는 뇌를 만들고, 뇌는 신경을 뻗어 근육을 제어한다. 근육을 원하는 대로 빨리 움직이는 것을 보고 지능이 있다고 판단한다. 동물의 99.9%는 근육을 가지고 있다. 지능이란 생존에 필요한 문제 해결 능력이다. 식물은 반응이 너무 느려서 지능이 없는 것처럼 느껴진다. 단백질이 뭉쳐져 근육과 뇌가 만들어진다. 단백질은 생명 유지에 필요한 에너지도 만든다. 사람의 몸도 대부분 단백질로 구성된다. 유전자에 새겨진 정보에 따라 단백질이 만들어지기까지 2분 정도 걸린다. (44~51쪽)

이런 뜻이에요

유전자 어버이로부터 자식에게 물려지는 특징을 만들어 내는 유전 정보의 기본 단위.

본문 맛보기

유전자는 몸을 통제할 수 있는 권한 뇌에 넘겨줘

(다) 지구에서 보낸 신호가 화성의 로버에 닿으려면 12분이 걸린다. 그래서 미국 항공 우주국(NASA)의 과학자들은 화성으로 보낸 로버에 인공 지능을 만들어 탑재하고, 행동을 선택할 수 있는 권한을 주었다. 로버는 시간 낭비 없이 효과적으로 임무를 수행할 수 있

▲인공 지능이 탑재된 화성 탐사 로버는 스스로 판단하고 움직인다.

다. 유전자와 뇌의 관계도 이와 비슷하다. 생명체가 자신에게 닥친 문제를 해결하려면 복잡한 신경 구조와 근육을 이용해 재빠르게 반응할 수 있어야 한다. 그래서 유전자는 뇌와 역할을 분담해서, 뇌에게 몸을 통제할 수 있는 권한을 넘겨주었다. 그리고 자신은 복제에 열중하는 쪽을 택했다. (56~71쪽)

뇌는 나쁜 선택하면 후회 등 부정적 신호 보내

(라) 학습이란 뇌가 무언가를 배워 문제를 해결하는 과정을 뜻한다. 뇌는 행동의 결과가 만족스러우면 그 행동을 반복하게 하고, 만족스럽지 않으면 그 행동을 하지 않도록 만든다. 올바른 행동을 선택하려면 지금 당장 쓸모가 없더라도 여러 가지 정보를 많이 알아 두어야 한다. 그래서 유전자는 호기심

▲뇌는 선택을 잘못했을 때 후회 등 부정적인 감정 신호를 보내 자신을 돌아보게 한다.

이 많은 뇌를 발명했다. 그런데 뇌는 무언가를 선택할 때 전보다 적은 보상을 받거나 결과가 나쁘면 선택이 잘못되었다고 신호를 보낸다. 질투나 후회, 실망 등의 부정적인 감정은 뇌가 유전자에게 받은 권한을 잘 쓰게 하려고 만든 신호이다. (74~87쪽)

이런 뜻이에요

로버 외계 행성의 표면을 돌아다니며 탐사하는 로봇.

인공 지능은 인간의 뇌를 따라잡기 어려워

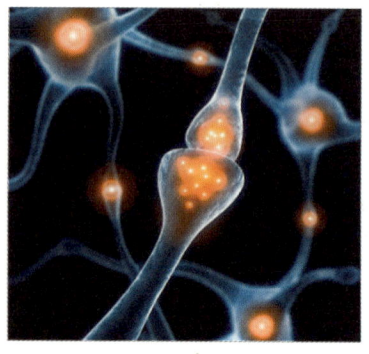
▲인공 지능이 언제쯤 인간의 뇌를 따라잡을 수 있을지 예상하기는 어렵다.

(마)인간의 뇌에는 100조 개의 시냅스가 있다. 시냅스는 전기 화학 신호를 쓰는 신경 세포들의 스위치라고 보면 된다. 신경 세포는 신경 전달 물질을 통해 신호를 주고받으며 정보를 전달한다. 트랜지스터를 이용해 신호를 주고받는 컴퓨터와 작동 방식이 비슷하다. 그러나 시냅스의 종류는 아주 다양하며, 신경 전달 물질의 종류와 배출량도 때에 따라 다르다. 뇌의 신경망을 모방한 인공 신경망이 연구되고 있다. 그런데 아직 시냅스의 정확한 기능도 파악하지 못했다. 뇌와 인간의 지능을 제대로 알 때까지는, 인공 지능이 언제 인간을 따라잡을지 예상하기 어렵다. (90~103쪽)

사회 생활 하려면 상대가 원하는 바를 알아야

▲인간이 사회 생활을 유지하려면 서로 모자란 부분을 보충하고 힘을 합쳐야 한다.

(바)동물도 사람처럼 집단을 이루기는 하지만, 인간에 비해 역할 분담 방법이 단순하다. 사람은 다양한 종류의 직업을 가지고 사회를 구성한다. 인간 사회가 복잡한 까닭은 사람들이 저마다 가진 재능과 성격이 다르기 때문이다. 사람들은 서로 모자란 부분을 보충하고, 힘을 합쳐 가며 사회를 유지한다. 그런데 사람이 사회에서 생활하려면 다른 사람이 원하는 바를 알아야 한다. 상대가 무엇을 원하며, 어떤 행동을 할지 추리하는 일은 가장 수준 높은 지능이다. 사람이 높은 지능을 가진 까닭은 다른 사람들의 마음을 이해하고 올바른 선택과 행동을 하기 위함이다. (108~119쪽)

이런 뜻이에요

시냅스 두 개의 신경 세포가 만나 정보를 주고받는 곳.
신경 전달 물질 시냅스에서 신호를 주고받는 데 쓰이는 화학 물질.
트랜지스터 전류나 전압의 흐름을 조절해 증폭하거나 스위치 역할을 하는 반도체 소자.
신경망 신경계의 단위인 뉴런(신경 세포)이 그물처럼 연결된 것.

생각이 쑥쑥

1 (가)에서 알파고가 세계 최고의 바둑 기사인 이세돌 9단을 이겼지만, 지능이 더 높다고 볼 수 없는 까닭을 말해 보세요.

▲알파고는 바둑 이외의 다양한 상황에 대처하는 문제 해결 능력을 갖추지 못했다.

2 (나)의 밑줄 친 부분처럼 식물은 지능이 없는 것 같지만 실제로는 있습니다. 파리지옥의 예를 들어 식물도 지능이 있다는 사실을 증명하세요.

▲파리지옥은 벌레가 잎 안으로 들어와 10~20초 안에 잎을 두 번 건드려야 잡아먹는다. 건드릴 때마다 잎을 닫으면 소화 효소를 낭비할 수 있다고 생각하기 때문이다.

머리에 쏘옥

파리지옥의 먹이 사냥

독일의 연구팀은 2016년에 파리지옥이 자극을 기억하고 비교하는 능력이 있다는 연구 결과를 발표했습니다.

파리지옥은 여러해살이풀이지만 파리와 나비, 거미 등의 벌레를 산 채로 잡아먹는 식충 식물입니다. 먹이를 삼키면 소화 효소를 분비해 완전히 소화가 될 때까지 (7~10일) 잎을 닫아 놓습니다.

파리지옥은 파리 등 벌레가 주변에 있으면 유인 냄새를 뿌려 잎 안으로 들어오게 합니다. 그런데 벌레가 잎을 건드릴 때마다 바로 잎을 닫지 않습니다. 10~20초 안에 두 번을 건드려야 곤충이 들어왔다고 인식해 잎을 닫습니다. 쓸데없이 효소를 분비하면 낭비라고 생각하는 것이지요.

지능은 이처럼 좋은 결과를 가져올 행동을 선택하는 능력이므로, 파리지옥에게도 지능이 있다고 볼 수 있습니다.

생각이 쑥쑥

3 (다)에서, 유전자와 뇌의 관계를 한 문장으로 정리하세요.

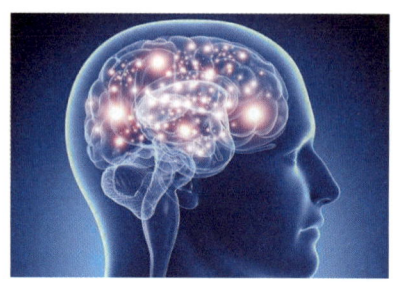
▲유전자는 뇌에게 선택할 수 있는 권한을 주었다.

4 (라)에서 유전자가 뇌를 통해 만든 긍정적 감정 신호와 부정적 감정 신호의 예를 아는 대로 들고, 유전자를 보호하는 데 긍정적 감정과 부정적 감정이 각각 어떻게 작용하는지 이야기해 보세요.

▲뇌는 행동의 결과가 만족스러우면 긍정적 감정을 느껴서 그 행동을 반복하게 만든다.

머리에 쏘옥

생존 가능성 높이려고 감정을 움직이는 뇌

유전자는 생존 가능성을 높이기 위해 뇌를 통해 긍정적인 감정과 부정적인 감정 신호를 보내 행동을 조절하도록 합니다.

사람은 어떤 행동의 결과로 칭찬이나 보상을 받아 성취감 또는 만족을 느끼면, 전에 한 행동을 반복하려고 합니다. 자신의 행동이 이로운 결과를 낳아 사회적 지위가 높아지고, 다른 사람과 좋은 관계를 유지할 수 있기 때문이지요.

이와는 반대로 생활하면서 질투와 후회, 실망의 감정을 느낄 때가 있습니다. 뇌에서는 이러한 감정을 행동의 결과가 좋지 않거나 오류가 발생했다는 신호로 받아들이지요. 생존 가능성을 낮춘다고 판단하기 때문입니다. 예를 들어 후회의 감정은 뇌가 새롭게 한 행동으로 과거의 행동을 돌아보고 평가하는 과정에서 생깁니다. 그러면 더 많이 학습해 오류를 없애거나 줄이려고 노력합니다.

생각이 쑤욱

5 인간이 인공 지능에 대해 강점을 가지려면 학교에서 키워 주어야 할 능력과 그 방법도 생각해 보세요.

▲인간은 다른 동물과 달리 다양한 상황에 맞게 계획을 세우고 실행하는 능력을 가졌다.

머리에 쏘옥

기획 능력과 협업 능력 길러야

인공 지능은 종합적이며 광범위한 정보를 처리하고 판단할 수 있는 능력이 없습니다. 다양한 상황에 맞춰 계획을 세우고 실행하는 능력을 갖추지 못한 것이지요. 따라서 인공 지능에게 밀리지 않으려면 종합적인 기획 능력과 융통성을 길러야 합니다.

인공 지능은 공감 능력이 없습니다. 따라서 공감 능력을 키우면 다른 사람의 심리를 치료해 생산성을 높일 수 있습니다. 여러 상황에서 비판적으로 사고할 수 있는 비판적 사고력도 인간만이 가진 장점입니다. 비판과 자기 반성을 통해 개인과 사회가 발전할 수 있습니다.

다른 사람과 생각을 나누고 협력해 자신의 아이디어를 다르게 발전시킬 수 있는 협업 능력도 있습니다.

▲인간은 자기 반성을 통해 성장하지만 인공 지능은 자기를 반성하는 능력이 없다.

| 생각이 쑤욱 |

6 (바)를 참고해, 인간이 사회 생활에 잘 적응하는 데 필요한 능력이나 태도를 네 가지 이상 들고, 필요한 까닭도 제시하세요.

▲인간이 사회 생활에 잘 적응하려면 배려심과 공감 능력이 필요하다.

| 머리에 쏘옥 |

사회 생활과 지능

사람은 성격이나 재능이 다른 사람들과 모여 삽니다. 사회가 건강하게 유지되려면 구성원들의 재능과 성격에 따라 역할 분담이 필요합니다. 그리고 다른 구성원의 모자란 부분을 보충해 주는 배려심과 구성원끼리 힘을 합치는 협동심을 발휘해야 합니다.

다른 구성원의 생각이나 감정을 알 필요도 있지요. 그래서 구성원의 행동을 보며 생각과 감정을 읽을 수 있는 추리력이 요구됩니다.

공감 능력도 있어야 합니다. 공감 능력은 다른 사람의 감정을 함께 느낄 수 있는 능력입니다. 공감 능력이 좋으면 상대의 입장에서 생각할 수 있기 때문에 상대에 대한 배려심이 커집니다.

사람은 다른 동물들과 달리 이런 태도와 능력을 가지고 있기 때문에, 다른 사람들과 함께 집단을 이뤄 살면서 생존에 유리하도록 사회를 발전시킬 수 있었습니다.

▲사람은 공감 능력과 배려심을 가지고 있다.

7 뇌는 실수하면서 배우고 성장합니다. 지금까지 살면서 가장 크게 한 실수와 그 실수를 통해 어떻게 성장했는지 서술하세요(400~500자).

실수는 조심하지 않아 잘못을 저지르는 일이다. 실수했을 때는 자신이 왜 실수했는지 알아야 한다. 실수한 내용을 자세히 적으면서, 원인을 파악한다. 원인을 모르면 다른 사람들에게 묻거나 인터넷 등을 검색한다. 과거에 비슷한 실수를 저지른 일이 없는지도 살핀다. 공통의 원인을 찾았다면 문제를 해결할 수 있는 방법을 최대한 많이 생각한다. 그런 뒤 실현 가능성이 가장 큰 것을 찾아 계획을 세워서 실천한다. 예방법도 생각해 두면 효과적이다.

▲사람은 실수를 통해 성장한다.

<신문 기사 참조>

과학

날씨의 변화를 과학적으로 설명

『초등과학Q7 날씨 탐험대 구름과 바람이 만드는 세상』

이진규 지음, 그레이트북스 펴냄, 120쪽

줄거리

기상 캐스터로 일하시는 아빠의 서랍장에서 스마트 워치와 비슷한 알파링을 발견하고 손에 찼다. 그러자 젤리O라는 날씨 로봇이 나타났다. 나는 젤리O를 따라다니며 바람과 구름, 눈과 비, 천둥과 번개 등이 어떻게 생기는지 배웠다. 태풍도 지구의 온도를 유지하기 위해 필요하다는 사실을 알았다. 산업화 탓에 사람의 건강을 위협하는 미세 먼지가 생기고, 지구 온난화까지 빨라졌다. 온난화 때문에 빙하가 녹으면서 육지가 바닷물에 잠기고, 펭귄 등 극지방의 동물도 살 곳을 잃었다. 이제 세계 여러 나라가 온실가스 배출을 줄이려고 협약을 맺었다.

공기가 이동하면서 바람 불어

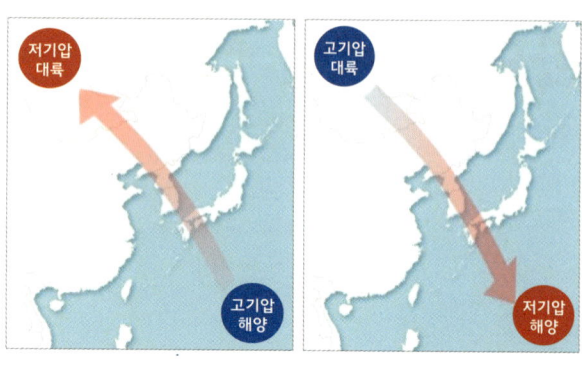

▲남동풍이 부는 여름에는 바다에서 육지로 공기가 이동하고, 북서풍이 부는 겨울에는 육지에서 바다로 이동한다.

(가)나(오늘)는 기상 캐스터인 아빠의 서랍장에서 스마트 워치를 닮은 '알파링'을 봤어. 알파링을 손목에 차면 '젤리O'라는 로봇이 나타나. 날씨에 관한 궁금증을 알려 주는 로봇이야. 알파링을 차면 공기 입자만큼 몸이 작아져 바람을 타고 어디든 갈 수 있어. 젤리O는 나를 태풍이 있는 쪽으로 데려가, 바람이 공기의 움직임이라고 알려 줬어. 공기가 기압이 높은 곳에서 낮은 곳으로 이동하면서 바람이 분다는 거야. 바람은 계절에 따라 일정한 방향으로 분대. 그래서 겨울에는 차고 건조한 날씨, 여름에는 습하고 무더운 날씨가 계속된대. (8~21, 36쪽)

태풍은 기온 차 심할 때 균형 맞추기 위해 불어

▲태풍은 지구의 남쪽과 북쪽의 기온 차이가 심할 때 균형을 맞추는 역할을 한다.

(나)태풍은 한여름 태양이 내리쬘 때, 열대 바다에서 만들어지는 저기압 덩어리래. 수증기를 잔뜩 머금은 공기가 강하게 올라가 만들어진 구름이니 큰비가 내리는 거지. 수증기가 상승하면서 열을 방출하면 기온이 높아져. 기온이 높아지면 더 큰 상승 기류가 생겨 구름이 점점 커진단다. 그래서 건물을 부수고 사람을 다치게 하기도 하지. 젤리O는 태풍이 지구가 균형을 이루기 위한 자연 현상이라고 했어. 태풍은 큰바람을 일으켜 너무 뜨거워진 바다 표면의 물을 위아래로 섞어 주고, 가뭄이 심한 지역에 물을 뿌려 주기도 한대. 이처럼 지구는 남쪽과 북쪽의 기온 차이가 심할 때 균형을 맞추는 거지. (28~32쪽)

이런 뜻이에요
기압 공기의 무게 때문에 생기는 압력.

본문 맛보기

전기 성질이 다른 구름 입자끼리 부딪치면 번개 생겨

(다)구름은 수증기가 응결하기 시작하는 온도인 이슬점에 도달하면 생긴대. 물방울이 서로 뭉쳐서 무거워지면 비나 눈으로 변해 내리는 거지. 번개나 천둥도 구름의 영향을 받는대. 구름 입자는 구름 속에서 늘 움직이면서 서로 부딪치기도 해. 그러면서 전기적 성질이 달라지는데, 구름 위쪽은 양전하, 아래쪽은 음전하를 띠지. 양전하와 음전하가 개수를 맞추려고 입자들이 순간적으로 이동하다 부딪치거나, 구름 아래쪽의 음전하가 구름 위쪽의 양전하와 부딪치면 천둥과 번개가 치는 거래. 건전지의 플러스극과 마이너스극을 생각하면 된대. (42~52쪽)

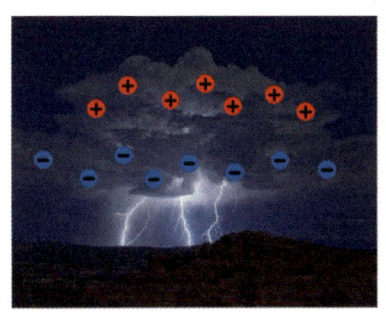
▲구름의 양전하(+)와 음전하(-)가 입자의 개수를 맞추려고 서로 이동하다가 부딪치면 천둥과 번개가 생긴다.

산업 활동으로 생긴 미세 먼지는 건강 위협

(라)미세 먼지는 자연적으로도 생기고, 화력 발전소나 공장의 매연 등 산업 활동으로 생기기도 해. 자연에서 발생하는 미세 먼지는 꽃가루나 바람에 날리는 광물 입자, 모래 먼지 등이 있지. 황사는 숲이 사라지고 사막화된 곳에서 날아와. 원래 사막인 곳도 있지만, 시간이 지나면서 사막으로 변한 곳도 있어. 가축을 기르거나 농작물을 대량 생산하려고, 또는 도시를 만들기 위해 개간했기 때문이지. 미세 먼지가 눈에 들어가면 결막염을 일으키기도 해. 초미세 먼지는 기도에서 거르지 못해 심장병을 일으킨다는 연구도 있대. 미세 먼지에 중금속 등 인체에 해로운 물질이 들어 있어서야. (65~78쪽)

▲미세 먼지는 산업화 때문에 크게 늘었는데, 사람의 건강을 위협한다.

이런 뜻이에요

이슬점 공기 중에 기체 상태의 수증기가 꽉 차서 일부가 물방울로 맺힐 때의 온도.
양전하 물체가 띤 양(+)의 전기적 성질. 구름의 입자에 양전기가 더 많으면 양전하이다.
음전하 물체가 띤 음(–)의 전기적 성질. 구름의 입자에 음전기가 더 많으면 음전하이다.
개간 거친 땅이나 버려둔 땅을 일구어 논밭 등 쓸모 있는 땅으로 만듦.

온난화 탓에 빙하 녹으며 생태계 급격히 변해

▲지구 온난화 탓에 빙하가 녹아 남극의 펭귄은 흙투성이가 되어 생명의 위협을 받는다.

(마)지구 온난화는 기온이 장기간에 상승하는 현상이야. 1800년대 중반 이후 산업 활동이 활발해지면서 지구가 뜨거워져 생태의 변화가 급격히 일어난 거지. 남극의 빙하도 녹았어. 그래서 펭귄의 가슴 털도 흙투성이가 되었지. 어린 펭귄은 털에 방수 기능이 없어. 진흙투성이가 되어 젖은 채로 지내면 저체온증으로 생명을 잃을 수도 있어. 온난화 때문에 빙하가 녹으면서 바닷물이 불어나 해수면이 상승하고 있어. 몰디브와 투발루, 키리바시처럼 지대가 낮은 나라는 더욱 위험해. 그래서 땅을 사서 이주 계획을 세우는 나라도 있어. (80~95쪽)

온실가스 줄이려고 국제 협약 맺었지만 안 지켜져

▲소나 양 등 위가 4개인 가축이 내뿜는 메테인은 양은 적지만, 이산화탄소보다 더 심각한 온실가스다.

(바)온실 효과는 지구에서 생명체가 살기에 적당한 온도를 유지하는 역할을 해. 필요한 정도로만 유지되면 좋겠지. 하지만 산업화 이후 석유나 석탄 등 화석 연료를 많이 태워 공기 중에 이산화탄소가 급격히 늘어났지. 그래서 온실 효과가 적당한 수준을 넘었어. 급증한 가축은 메테인을 내뿜고, 농작물의 수확량을 늘리기 위해 쓴 비료는 이산화질소를 배출해 온실가스가 증가한 거야. 그래서 1992년에 세계 여러 나라가 모여 온실가스 배출을 줄이자고 약속했지. 그게 바로 국제기후변화협약이야. 그런데 약속이 제대로 지켜지지 않고 있대. (104~108쪽)

이런 뜻이에요

몰디브 아시아 서남부 인도양에 있는 섬나라. 면적은 298㎢, 인구는 54만 명이다.
투발루 남태평양의 한가운데 있는 섬나라. 면적은 26㎢, 인구는 1만 1000명이다.
키리바시 중부 태평양 서쪽에 있는 섬나라. 면적은 811㎢, 인구는 11만 7600명이다.
메테인 이산화탄소 다음으로 많은 온실가스. 소 등 가축의 트림과 방귀에서 많이 나온다.
이산화질소 질소와 산소가 결합해 생기는 선명한 오렌지 빛의 온실가스. 독성이 강하고 냄새가 자극적이다.

생각이 쑤욱

1 날씨와 기후의 차이점을 구분해 보세요.

▲우리나라의 겨울 기후는 북쪽 시베리아 기단이 주기적으로 강해지거나 약해져 심한 사온 현상이 나타난다.

2 아래 그림은 위부터 아래로 태풍이 만들어지는 과정인데, 빈칸에 알맞은 설명을 넣으세요.

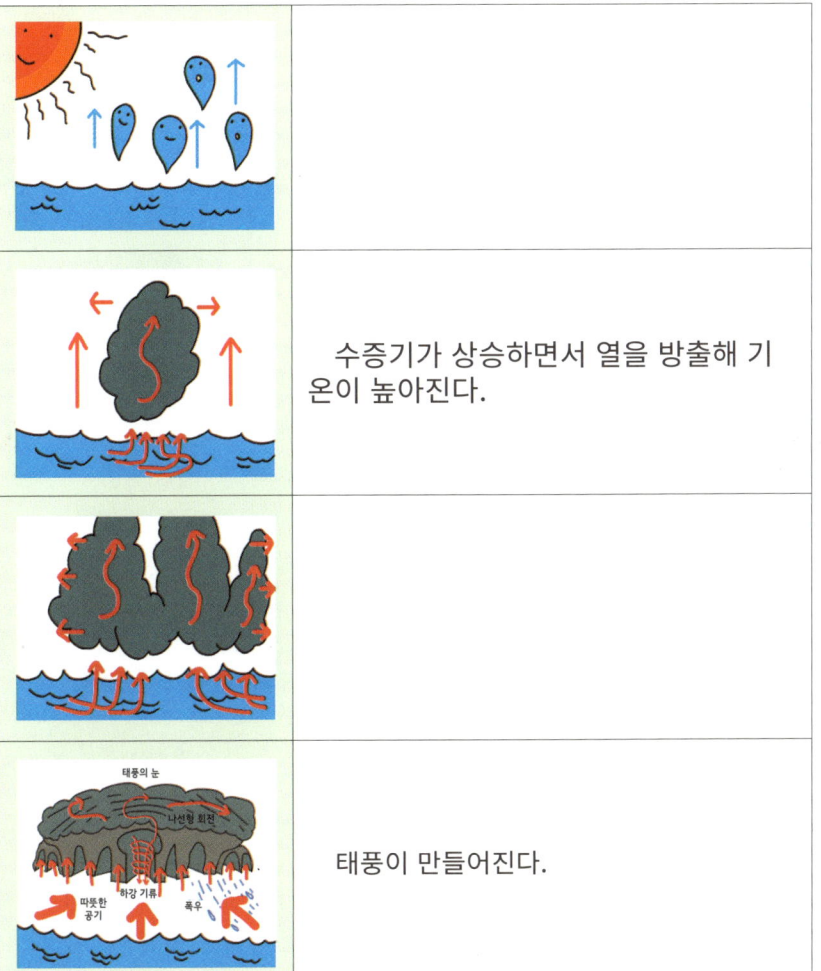

	수증기가 상승하면서 열을 방출해 기온이 높아진다.
	태풍이 만들어진다.

머리에 쏘옥

날씨와 기후

날씨는 특정 지역을 둘러싼 하루의 대기 상태를 말합니다. 기온과 강수량, 바람의 상태를 말하지요. 대기의 온도가 높으면 날씨가 덥고, 낮으면 춥습니다. 이에 비해 기후는 특정 지역의 날씨를 30년간 모아서 평균한 값을 말합니다.

기온과 강수량, 바람이 날씨를 결정하는 요소입니다. 기온은 대기의 온도를 말합니다. 태양열을 받으면 공기는 더워지고, 받지 못하면 식지요. 태양열을 많이 받는 여름은 기온이 높고, 적게 받는 겨울은 기온이 낮아 춥답니다. 강수량은 비뿐만 아니라 땅 위에 떨어지는 눈, 우박, 이슬, 서리, 안개 등 모든 물의 양을 합친 것입니다. 강수량이 많은 날은 비나 눈이 많이 오는 날씨입니다. 대기가 이동하는 것을 바람이라고 합니다. 대기의 이동이 많은 날은 바람이 세게 부는 날씨이고, 이동이 적은 날은 바람이 불지 않는 날씨입니다.

3 (다)를 참고해, 눈이 내리는 과정을 설명하세요.

▲함박눈은 기온이 그리 낮지 않은 포근한 날씨에 눈의 결정 여러 개가 달라붙어 눈송이가 만들어져 내린다.

4 (라)를 참고해, 산업 활동으로 발생하는 미세 먼지의 예를 아는 대로 들고 막을 방법도 제시하세요.

▲미세 먼지는 화력 발전소나 공장의 매연 등을 통해 대기에 배출된다.

머리에 쏘옥

눈이 내리는 과정

물은 대기 중에서 수증기나 비, 눈 등으로 모습을 바꾸면서 지표와 대기 사이를 끊임없이 순환합니다.

바닷물이나 강물이 햇빛을 받으면 증발하여 수증기가 되지요. 하늘로 올라간 수증기는 이슬점에 도달하면 구름이 됩니다. 그리고 구름을 이루는 물방울들이 온도가 낮을 경우 작은 얼음 알갱이가 됩니다.

이들 얼음 알갱이에 수증기가 달라붙으면 점차 커집니다. 그러다 어느 순간 무게를 이기지 못하고 땅으로 떨어지는데, 이것을 눈이라고 합니다.

눈의 결정은 보통 2mm 크기이며, 내릴 때 서로 엉겨 붙어서 눈송이가 만들어집니다. 함박눈은 기온이 그리 낮지 않은 포근한 날씨에 내립니다.

생각이 쑤욱

5 아래 글을 참고해, 투발루 국민의 입장에서 주변 국가들에게 기후 난민의 이민을 받아들여 달라고 설득해 보세요.

투발루는 호주에서 북동쪽으로 4000㎞ 떨어진 남태평양의 한가운데 있는 섬나라다. 1961년 이후 지구 온난화로 해수면이 높아지면서 해마다 5㎜ 이상 가라앉고 있다. 이미 섬 2개가 물에 잠겨서 2001년 국토를 포기한다고 선언했다. 투발루를 가라앉게 만든 원인은 선진국들이 경제 발전 과정에서 이산화탄소를 마구 배출했기 때문이다. 이제 남은 문제는 1만 1000여 명의 국민을 해외로 이주시키는 일이다. 투발루 정부는 호주와 피지 등 이웃 국가에 이민을 받아 달라고 호소했지만, 뉴질랜드 외에는 모두 거부했다.

▲해수면 상승으로 국토가 물에 잠기는 투발루.

머리에 쏘옥

갈 곳 없는 기후 난민

기후 난민은 국제법에서 난민으로 인정하지 않습니다. 현재 난민의 기준은 1951년에 만들어진 '난민의 지위에 관한 유엔 협약'에 따릅니다. 이 협약에는 '인종, 종교, 국적, 특정 사회 집단에서 소속 또는 정치적 견해를 이유로 박해를 받을 것이라는 충분한 이유가 있는 경우'로 제한했습니다. 따라서 기후 난민은 난민으로 인정받지 못해 협약의 보호 대상이 아닙니다.

기후 변화에 책임이 거의 없는 저개발국 국민들이 선진국들 때문에 기후 위기에서 가장 크게 고통을 당하는 셈입니다.

▲기후 난민은 국제법에서 난민으로 인정하지 않아 보호를 받지 못한다.

6 (나)와 (바)를 참고해 과거보다 갈수록 태풍이 거세지는 까닭을 추측해 보세요.

▲ 폭우가 쏟아져 갑자기 불어난 물에 집이 잠기자 지붕 위로 대피한 주민들.

2000년대 들어 슈퍼 태풍이 급증하고 있다. 슈퍼 태풍은 중심 부근의 10분 평균(미국은 1분 평균) 최대 풍속이 초속 67m를 넘는 태풍을 말한다. 자동차를 뒤집고 대형 구조물도 부술 수 있는 위력이다. 지난 2005년 8월 미국 뉴올리언스를 강타한 허리케인(태풍) 카트리나의 중심부 최대 풍속은 초속 78m를 기록했다. 전문가들은 지구 온난화로 인한 기온 상승을 슈퍼 태풍의 원인으로 꼽는다.

머리에 쏘옥

슈퍼 태풍이 자주 발생하는 까닭

과학자들에 따르면 대기 중의 이산화탄소가 지금보다 2배 증가하면 적도와 아열대 지방 대기의 상층부가 하층부보다 더 빠르게 가열되는 것으로 확인됐습니다.

상층부가 더 뜨거워지면 열대 저기압(태풍)이 만들어지는 원인인 대규모 상승 기류가 약해집니다. 그 결과 태풍이 발생하는 횟수는 줄어듭니다.

하지만 대기 중의 수증기와 에너지는 온도가 높아지면서 증가합니다. 그러면 태풍이 한 번 발생할 경우 슈퍼 태풍으로 발달할 가능성이 50% 이상 높아진다고 합니다.

생각이 쑤욱

7 아래 글을 참고해, 지구 온난화 문제를 해결하려면 한 국가가 노력해서 될 일이 아니라 국제 협력이 필요한 까닭을 들고, 국제기후변화협약을 지켜 달라고 주장해 보세요(400~500자).

지구 상공 10~40km에 형성된 오존층은 태양의 자외선을 막아 지구의 생명체를 보호하는 역할을 한다. 세계기상기구(WMO)의 조사에 따르면 남극 지방 등에 뚫린 오존층의 구멍이 2060년대까지는 완전히 복원될 것으로 보인다. 1987년 맺은 '오존층 파괴 물질의 규제에 관한 국제 협약'(몬트리올 의정서) 이후 오존층 파괴 물질인 프레온 가스의 사용을 전면 금지했기 때문이다. 프레온 가스는 과거에 에어컨과 냉장고 등의 냉매로 쓰인 물질이다. 오존층의 복원은 지구 전체에 생긴 환경 문제 가운데 거의 유일하게 인류의 노력으로 해결되고 있다.

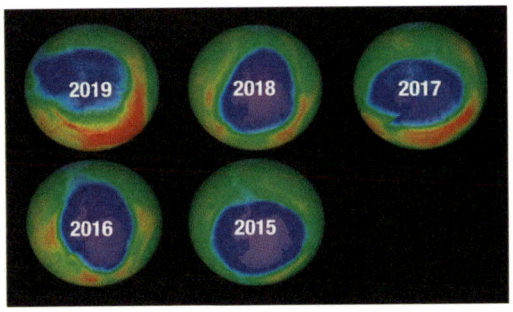
▲오존층에 뚫린 구멍이 점점 줄어들고 있다.

<신문 기사 참조>

사회 문화

생각의 힘이 인류의 문명을 만들다

『생각 깨우기』

이어령 지음, 푸른숲주니어 펴냄, 136쪽

줄거리

호기심은 사람을 끝없는 도전과 실험으로 이끌어 문명을 이룩할 수 있게 했다. 관찰력은 창의력과 상상력의 바탕이 되었다. 인간만이 지닌 추리력을 기르려면 어떤 현상을 꼼꼼히 관찰한 뒤 원인과 결과를 살피는 습관이 필요하다. 굳어진 생각의 틀에 자신을 가두는 고정 관념에서 벗어나야 새로운 것을 창조할 수 있다. 인류의 오랜 역사가 담긴 상징은 많은 생각과 이야기를 줄여서 구체적인 모양이나 물건, 기호로 간단하게 보여 주는 도구이다. 인류가 손을 사용하면서 생각도 자랐다. 생각의 힘은 인류를 문명 사회로 이끈 동력이다.

호기심은 사람을 끝없는 도전과 실험으로 이끌어

▲유대인에게 학교는 궁금한 것을 묻는 곳이다.

(가)세상을 습관적으로 사는 사람은 지난날의 흔적을 찾을 수 없다. 아무것도 묻지 않고 모든 순간을 지내면 자기가 한 일을 뒤돌아보아도 지나온 날들을 생각할 수 없기 때문이다. 유대인에게 학교는 궁금한 것을 묻는 곳이다. 유대인은 어려서부터 스스로에게 질문하고 부모와 대화한다. 그리고 책을 읽으면서 세상에 대한 호기심을 키운다. 호기심은 사람을 끝없는 도전과 실험으로 이끌어 문명을 이룩할 수 있게 했다. 사람은 실수를 기억하고 되풀이하지 않으려고 노력해야 한다. 그래야 학습 효과가 생겨 호기심을 한 단계 끌어올릴 수 있다. (12~37쪽)

끈질긴 관찰력이 창의력과 상상력의 바탕 이뤄

▲김홍도의 '소나무 아래 호랑이'(비단에 먹과 옅은 색, 90.3×43.8㎝).

(나)김홍도(1745~1806?)는 사회 전체와 시대의 흐름을 바라보는 큰 눈을 지닌 화가였다. 그는 호랑이 털 하나까지 들여다보는 관찰력을 지녔다. 그는 사람을 관찰하고 그리는 연습을 수도 없이 반복하면서, 세상의 변화를 유심히 관찰했다. 그런 뒤 백성의 일상과 활기찬 생명력을 단숨에 풍속화에 담았다. 그의 관찰력은 창의력과 상상력의 바탕이 되었다. 관찰력을 갖추기까지는 오랫동안의 끈기와 인내가 필요했다. 김홍도는 호랑이의 털 한 올도 놓치지 않고 관찰했다. 그리고 관찰한 것을 그대로 아주 가느다란 붓으로 한 올 한 올 그려 넣었다. (40~51쪽)

> **이런 뜻이에요**
> 김홍도 조선 시대의 풍속화가. 호는 단원이다. 풍속화는 물론 산수화와 인물화, 동물화, 불교 그림 등에 이르기까지 우수한 작품을 많이 남겼다.
> 풍속화 궁궐이 아닌 민간의 생활상을 그린 그림. 일반인도 쉽게 볼 수 있으며, 주로 병풍이나 화첩의 형태로 그려졌다.

본문 맛보기

추리력 기르려면 원인과 결과 살피는 습관 필요

(다) 헬렌 켈러(1880~1968)는 머릿속에 생각의 집을 지었다. 생각은 이미지로 만든 집이라고 할 수 있다. 생각이 살아 움직이려면 두 가지 이상의 이미지가 하나로 합쳐져야 한다. 이미지를 합치려면 머릿속에 있는 이미지를 살아 움직이는 생각으로 만들 추리력이 필요하다. 추리력은 이미 아는 사실을 바탕으로 다른 사실을 알아내는 인간만이 지닌 생각의 힘이다. 추리력을 기르려면 어떤 현상을 꼼꼼히 관찰한 뒤 원인과 결과를 살피고 숨겨진 사실을 생각해 보는 습관을 들여야 한다. 인류는 추리력을 통해 복잡한 문제를 풀었고, 문명을 이룩했다. (54~77쪽)

▲헬렌 켈러의 추리력은 듣지도 보지도 말하지도 못하는 삼중 장애를 극복하는 힘이 되었다.

고정 관념 벗어나야 새로운 것 창조할 수 있어

(라) 콜럼버스(1451~1506)는 유럽 사람들에게 굳어진 생각의 틀을 깰 용기가 있었다. 유럽 사람들은 아메리카 대륙을 발견하기 전까지 지중해 끝의 지브롤터 해협이 지구의 끝이라고 생각했다. 그래서 거기서 더 나아가면 배가 지구 밖으로 떨어질 것이라고 생각했다. 하지만 콜럼버스는 고정 관념을 깨뜨리고 배를 몰고 나아가 신대륙을 발견했다. 고정 관념은 자유로운 사고를 방해한다. 스스로 제약을 만들어 생각의 틀에 자신을 가두기 때문이다. 또 남들이 그렇다고 말하면 자기도 그렇다고 믿는다. 생각이 자유로워야 새로운 것을 창조할 수 있다. (80~95쪽)

▲콜럼버스는 지브롤터 해협이 지구의 끝이라는 고정 관념을 깨고 아메리카 대륙을 발견했다.

이런 뜻이에요

헬렌 켈러 미국의 사회 운동가. 듣지도 보지도 말하지도 못하는 삼중 장애를 극복하고, 장애인과 사회적 약자의 인권 신장을 위해 노력했다.
콜럼버스 1492년 아메리카 대륙을 발견한 이탈리아의 탐험가.
지브롤터 해협 대서양과 지중해를 연결하는 해협.

본문 맛보기

상징은 많은 생각과 이야기를 보여 주는 도구

▲조선 시대의 민화에 담긴 세 마리의 물고기는, 여가 시간도 아껴 공부해야 한다는 '삼여'의 상징이었다.

(마)조선 시대 선비의 집에는 늘 물고기 세 마리(삼어)가 그려진 그림이 걸려 있었다. '삼어'와 '삼여'는 발음이 비슷하므로 삼어를 세 가지의 여가로 풀이했다. 삼여란 남들이 쉬는 하루의 마지막인 밤, 계절의 끝인 겨울, 비 오는 날을 뜻한다. 학문을 하는 사람은 여가 시간도 아껴 공부해야 한다는 상징이었다. 상징은 이처럼 인류의 오랜 역사가 담겨 있기 때문에 한 사람이 만들어 낼 수 없고, 많은 사람이 그 안에 담긴 뜻에 동의해야 한다. 상징은 많은 생각과 이야기를 줄여서 구체적인 모양이나 물건, 기호로 간단하게 보여 줄 수 있다. (98~109쪽)

생각의 힘은 인류를 문명 사회로 이끈 동력

▲인류는 손을 쓸 수 있게 되면서 도구를 사용했고, 생각도 자라기 시작했다.

(바)생각은 형체가 없어 손으로 잡을 수도 없고, 연기처럼 사라지고 만다. 그런데 인류의 문명을 이룩한 동력은 생각의 힘이다. 300만 년 전 아프리카의 초원에서 인류가 두 다리로 서서 걸은 작은 변화가 다른 동물과 엄청난 차이를 불렀다. 직립 덕분에 손의 쓸모가 늘어 도구를 사용하면서 생각도 자라기 시작한 것이다. 도구를 사용하면서 손으로 복잡하고 섬세한 작업을 했다. 도구를 사용할 수 있게 된 인류는 문자를 발명한 이후 수백 년 만에 컴퓨터와 비행기, 우주선 등의 문명을 만들었다. 사람의 손과 발과 몸이 생각을 키우는 바탕이 된 것이다. (112~121쪽)

이런 뜻이에요

선비 학식이 있고 예절이 바르며 의리와 원칙을 지키고 관직과 재물을 탐내지 않는 인품을 지닌 사람.

생각이 쑤욱

1 (가)를 참고해, 사람의 호기심을 한 단계 끌어올릴 수 있는 방법을 아는 대로 말해 보세요.

▲실수한 부분만 골라 일기를 쓰면 반성할 수 있다.

2 (나)의 밑줄 친 부분에서, 관찰력이 왜 창의력과 상상력의 바탕이 되는지 추측해 보세요.

▲사실을 바탕으로 하지 않은 창의와 상상은 실현 가능성이 없다.

머리에 쏘옥

호기심을 한 단계 끌어올리는 방법

실수한 점을 일기로 쓰거나 후회가 남는 점을 기록으로 남기면, 자신의 행동을 반성하게 됩니다.

호기심이 충족되지 않으면 궁금증이 더 커지고 불만이나 불쾌함 등의 감정이 생깁니다. 이러한 상황을 벗어나려면 반성이 필요한 것이지요. 스스로 반성하며 호기심을 충족할 경우 외부의 도움을 받았을 때보다 더 큰 만족을 얻을 수 있답니다.

관찰력과 창의력의 관계

창의나 상상은 사실을 바탕으로 이뤄집니다. 사실을 바탕으로 하지 않는 창의나 상상은 실현 가능성이 낮습니다.

그런데 관찰은 사실을 보는 눈과 지식을 늘리지요. 예를 들어 벨크로(찍찍이)는 1941년 스위스의 공학자 조르주 드메스트랄(1907~90)이 발명했어요. 바지에 붙은 도꼬마리의 씨앗을 관찰한 뒤 여밈 장치를 만들 생각을 했고, 10년 동안 연구한 끝에 만들어 냈죠.

창의성은 흔히 새로운 생각을 하거나 새로운 사물을 만들어 내는 힘이 됩니다. 기존의 지식을 새롭게 조합해 어떤 사물이나 아이디어를 만들어 내려면, 주변의 현상과 사물을 관찰하는 능력이 바탕을 이뤄야 합니다.

3 헬렌 켈러가 어떤 방식으로 정보를 받아들여 자기 지식을 넓혔을지 추리해 보세요.

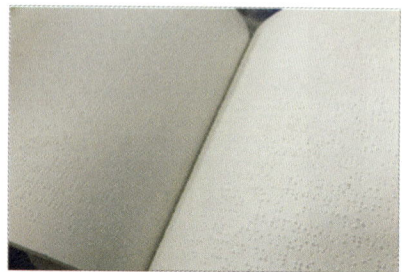

▲헬렌 켈러는 보지도 듣지도 말하지도 못했기 때문에, 점자로 쓰인 정보를 손으로 읽어서 지식을 받아들일 수밖에 없었다.

4 (라)에서 콜럼버스가 고정 관념을 깨는 데 용기가 필요했던 이유를 밝히고, 고정 관념을 깨서 인류에게 크게 기여한 사람의 예를 하나만 더 들어 보세요.

▲미국의 헨리 필립스(1890~1958)는 200여 년 전에 개발된 일자형 나사못 대신 십자형을 개발해 현미경과 항공기 등 정밀 기계 분야의 혁신을 이끌었다.

머리에 쏘옥

헬렌 켈러와 추리력

사람이 지식과 정보를 받아들이는 방법은 시각과 청각, 후각 등 다양합니다. 그런데 헬렌 켈러는 보지도 듣지도 말하지도 못하는 3중 장애를 가지고 있었지요. 그래서 점자를 익혀 점자로 적힌 정보를 손가락으로 만져 받아들일 수밖에 없었습니다.

하지만 머리에 생각의 집을 지은 뒤 받아들인 정보를 추리를 통해 서로 연결하고, 더욱 넓혔습니다. 그리고 확장된 지식을 바탕으로 더 많은 책을 읽어 생각을 키울 수 있었습니다.

200년 동안의 고정 관념 깬 십자형 나사못

시계나 현미경, 망원경 등의 정밀 기계는 물론 전자 제품까지 나사못 덕분에 기술 혁신이 가능했지요. 머리에 홈이 하나 있는 일자형 나사못은 18세기 중반에 독일에서 나왔습니다. 하지만 드라이버가 머리의 홈에서 쉽게 미끄러지고, 홈이 쉽게 닳으며, 조임도 단단하지 않았습니다.

미국의 라디오 수리공이던 헨리 필립스는 십자형 나사못과 드라이버까지 개발한 뒤 1934년에 회사를 차려 부자가 되었습니다. 십자형 나사못은 그 뒤 탱크와 전투기, 지프 등의 생산 속도를 높여 주었습니다.

생각이 쑤욱

5 (마)와 아래 글을 참고해, 일본이 유튜브에 욱일기의 홍보 영상을 올린 잘못을 지적하고, 홍보 영상을 내려 달라고 주장해 보세요.

일본의 외무성은 2021년 10월 '일본의 오랜 문화로서의 욱일기'라는 제목으로 2분 분량의 영상을 만들어 공식 유튜브 채널에 올렸다. 한국어를 포함해 영어 등 10개 언어로 제작되었다. 이 영상에는 '욱일기는 일본 문화의 일부', '수백 년에 걸쳐 내려온 전통 문화가 현대에도 이어지고 있다'라는 내용이 담겨 있다. 욱일기는 일본이 제2차 세계대전(1939~45) 때 사용한 군기로, 일본 군국주의를 상징하는 깃발이다. 군국주의란 군사력을 앞세워 전쟁을 국가의 최우선 과제로 삼는 이념이다. 이 깃발은 국제 스포츠 경기 응원 때도 사용되어 논란을 일으키고 있다.

<신문 기사 참조>

▲유튜브 홍보 영상에 등장하는 욱일기.

머리에 쏘옥

욱일기는 일본의 침략 상징

일본 외무성이 욱일기를 홍보하는 영상을 유튜브 공식 채널에 올렸습니다. 홍보 영상에서는 욱일기가 자기 나라 문화의 일부라든지, 수백 년에 걸쳐 내려온 전통 문화라고 선전했습니다.

그런데 욱일기는 일본이 제2차 세계대전 때 사용한 군기로, 일본 군국주의를 상징하는 깃발입니다. 일본은 1941년 미국을 침략해 전쟁에 끌어들여 20만 명이 넘는 미군을 희생시켰습니다. 이에 앞서 1937년에는 중국을 침략해 20만~30만 명을 학살했습니다.

일본은 또 전쟁 기간에 조선 사람들을 강제로 끌어다 자기네 군인을 대신해 싸우게 했습니다. 그리고 탄광 등에서 강제 노역을 시키기도 했지요. 어린 여성들을 끌어다 자기 나라 군인들의 위안부로 삼기도 했습니다.

따라서 욱일기를 국가에서 홍보한다는 의미는 과거 자기 나라의 침략 전쟁을 정당화하려는 시도입니다. 유튜브의 광고 정책에서도 '인종 차별과 혐오 등을 부추기는 콘텐츠는 금지한다'고 규정했습니다. 따라서 일본은 욱일기 광고를 당장 중단해야 합니다.

생각이 쑤욱

6 스마트폰은 인류가 생각의 힘으로 만든 대표적인 도구이지만, 생각의 힘을 약화시키고 있습니다. 스마트폰이 생각의 힘을 어떻게 약화시키는지 설명하고, 스마트폰을 이용해 생각의 힘을 키울 수 있는 방법을 생각해 보세요.

▲스마트폰에 지나치게 빠지면 독서를 기피해 사고력 발달이 더디다.

머리에 쏘옥

스마트폰으로 생각을 키우는 방법

우리나라는 스마트폰 보급률 1위 국가입니다. 스마트폰의 보급이 늘며, 청소년(만 10~18세)의 37%는 스마트폰을 손에서 놓으면 불안감을 느끼는 등 과의존 증세를 보이는 것으로 나타났습니다. 주로 게임(89%)을 합니다. 전자 기기를 오래 사용할수록 독서를 기피하고 생각을 하려 들지 않기 때문에 스스로 생각하는 힘이 떨어집니다.

하지만 스마트폰은 잘만 이용하면 생각의 힘을 무한하게 키워 줍니다. 궁금한 점을 검색하면 금방 보여 주기 때문입니다. 백과사전과 국어나 영어 등 어학 사전을 이용해도 됩니다. 배우고 싶은 강의를 들을 수도 있고, 자신이 평소 존경하는 사람과 직접 소통할 수도 있습니다.

▲스마트폰을 공부 도구로 써서 궁금한 점을 검색하면 금방 답을 알 수 있다.

> **생각이 쑤욱**

7 고정 관념이 무엇인지 예를 들어 설명하고, 고정 관념에서 벗어날 수 있는 방법을 생각해 보세요(400~500자).

☞ 이탈리아의 탐험가 콜럼버스나 미국의 헨리 필립스처럼 고정 관념을 깨지 않으면 새로운 시도를 할 수 없습니다.

고정 관념이란 사람들의 행동을 결정하는 잘 변하지 않는 굳은 생각 또는 지나치게 당연한 것처럼 알려진 생각을 말한다. 개인이 특정 집단의 구성원이라는 이유만으로 그 사람의 독특한 개성이나 능력을 무시한 채 그 집단의 특성과 동일하게 여긴다. 그런데 대부분 뚜렷한 근거가 없고 감정적인 판단이 크다. 일반적으로 남녀 성 역할, 인종, 민족, 직업에 관한 고정 관념을 들 수 있다. 성 역할에 대한 고정 관념의 예를 들면 남자는 울면 안 된다거나 여자는 화장을 해야 한다 등의 생각이다. 고정 관념은 생각을 가두는 감옥이다. 고정 관념에서 벗어나려면 생각에 날개를 달아야 한다. 당연하게 받아들이던 것을 뒤집거나 엎어서 다르게 생각하려고 노력해야 한다.

▲여자는 예뻐지기 위해 화장을 해야 한다는 고정 관념이 있다.

<신문 기사 참조>

사회문화

정의로운 행동은 상대를 배려하는 마음에서 나와

『어린이를 위한 정의란 무엇인가』

안미란 지음, 주니어김영사 펴냄, 192쪽

줄거리

큰내초등학교 5학년 같은 반 단짝 친구인 강성이와 태원이, 광수는 야구를 좋아한다. 그래서 돌아오는 토요일에 셋이 함께 야구 경기를 구경하러 가고 싶다. 하지만 가정 형편이 좋지 않은 광수의 입장료를 둘이 대신 낼지, 일정 부분 광수에게 부담시킬지 고민이다. 예나가 친구 서영이를 학원에 소개하고 상품권을 타는 일, 반의 평균 성적을 올리기 위해 지적 장애아인 덕만이가 시험을 보지 않도록 하는 일은 나쁜 것일까. 이처럼 학생들 사이에서 벌어지는 8가지 이야기를 중심으로, 생활에서 부딪치는 문제를 해결하기 위해 어떻게 행동해야 정의로운지 풀었다.

본문 맛보기

가난한 광수의 경기 입장료 부담 문제로 고민

▲강성이와 태원이는 광수와 함께 야구 경기를 구경하고 싶지만 가난한 광수의 입장료를 어떻게 부담할지 고민에 빠졌다.

(가)강성이와 태원이, 광수는 같은 반인데, 야구를 좋아했다. 광수는 부모님 없이 할머니와 둘이 어렵게 살았다. 강성이와 태원이는 광수의 사정을 잘 알았다. 그래서 야구 경기를 구경하러 가고 싶지만, 광수가 돈이 없어 함께 가지 못할까 봐 고민이었다. 광수 모르게 가자니 마음이 불편했다. 태원이는 강성이에게 함께 돈을 더 내서 광수의 차비와 입장료를 부담하자고 했다. 하지만 강성이는 불공평한 데다, 광수에게도 좋은 일이 아니라며 반대했다. 대신 자기와 태원이는 1만 원씩, 광수도 5000원을 낸 뒤 셋이 똑같이 나눠 쓰자고 제안했다. (11~29쪽)

상품권 받으려고 자기가 다니는 학원에 등록시켜

▲서영이는 예나가 도서 상품권을 받기 위해 자신을 학원에 등록시켰다고 느껴 기분이 나빴다.

(나)서영이는 예나가 조르는 바람에 예나가 다니는 논술 학원에서 여는 친구 초대의 날 특강에 참석했다. 강의를 들어 보니 재미가 있어서 그 학원에 다니고 싶다고 부모님께 말했다. 서영이는 다음 날 예나에게 논술 학원에 다녀도 된다는 부모님의 허락을 받았다고 말했다. 예나는 얼떨결에, 얼른 원장 선생님께 가서 도서 상품권을 받아야겠다고 말해 버리고서는 당황했다. 서영이는 예나에게 무슨 영문인지 물었다. 예나는 새 친구를 학원에 등록시키면 도서 상품권을 두 장 받는다고 털어놓았다. 서영이는 예나에게 이용당한 것 같아 기분이 나빴다. (37~51쪽)

본문 맛보기

반 평균 성적 낮추는 학생이 시험 보지 않기 바라

(다)무지개반은 지난 학력 평가 성적이 꼴찌였지만, '배려하며 함께 가자'는 급훈을 지키려고 노력했다. 그래서 지적 장애가 있어 무지개반과 장애도움반을 오가는 덕만이가 반 활동에서 소외되지 않도록 신경을 썼다. 그런데 주임 선생님은 무지개반이 시끄럽고 평균 성적도 나쁘

▲무지개반 학생들은 지적 장애가 있는 덕만이가 반 평균 성적을 낮추기 때문에 시험을 보지 않기를 바랐다.

다며 꾸짖었다. 반 학생들은 공부를 열심히 해서 다음 학력 평가 때 좋은 성적을 거두려고 했다. 하지만 덕만이의 성적이 0점에 가까워 마음에 걸렸다. 학생들은 평균을 높이기 위해 덕만이가 시험을 치지 말고, 그날 하루만 장애도움반에 있어 주기를 바랐다. (56~69쪽)

부자 지원 센터 들어서면 집값 떨어진다며 반대

(라)구청에서 주민들과 상의 없이 동네에 부자 지원 센터를 세우도록 허가했다는 소식이 들렸다. 주민들은 성인 남자가 많은 부자 지원 센터가 여학교 주변에 들어서면 불안하다고 했다. 또 부자 지원 센터가 생기면 동네의 이미지가 나빠져 집값이 떨어질 것이라며 반대 모임을 만

▲주민들은 동네에 부자 지원 센터가 들어선다는 소식을 듣고, 집값이 떨어질 것이라며 설립을 반대했다.

들었다. 그리고 다수결로 반대 시위에 참가하기로 결정했다. 그런데 서영 엄마와 예나 엄마는 남자 혼자 아이를 키우면 무조건 문제가 있다고 보는 것은 편견이라며 반대했다. 또 자기 이익에 맞지 않는다고 사회에 필요한 시설을 반대하는 건 이기적이라고 말했다. (97~113쪽)

이런 뜻이에요
부자 지원 센터 어머니 없이 아동과 아버지로만 이루어진 가정을 지원하는 복지 시설.

떠드는 학생 서로 감시해 벌점 주는 제도 운영

▲주임 선생님은 무지개반 학생들이 떠들지 못하도록 서로를 감시하는 상벌점 스티커 제도를 운영했다.

(마)주임 선생님은 무지개반이 시끄럽다며 담임 선생님이 안 계신 며칠 동안 상벌점 스티커 제도를 운영했다. 모둠으로 나눈 뒤 떠든 모둠을 지적해 벌점 스티커를 주는 방식이었다. 반 학생들은 서로를 감시하며 벌점을 주려고 눈에 불을 켰다. 광수네 아파트 단지에서는 몰래 쓰레기를 버리는 사람 때문에 CCTV가 설치되었다. 쓰레기를 몰래 버리는 사람을 구청에 신고해 돈을 버는 쓰파라치도 생겼다. 태원이는 다른 사람을 감시하며 벌금이나 벌점을 매기려는 분위기가 싫다고 했다. 광수는 야단치지 않고 문제를 해결하는 효과를 낼 수 있어 좋다고 했다. (119~141쪽)

웃돈을 주는 가게 유리창 먼저 수리해 줘

▲예나 아빠는 수고비에 웃돈을 얹어 받고 태원이네 가게의 유리창을 먼저 고쳐 주기로 했다.

(바)강력한 태풍이 마을을 쑥대밭으로 만들었다. 유리를 찾는 사람이 늘면서 유리가 귀해지자, 업자들은 유리 값을 올려 받았다. 광수네 집도 유리창이 망가졌지만, 유리 값이 비싸 수리할 엄두를 내지 못했다. 유리 가게를 하는 예나의 엄마는 다른 가게처럼 웃돈을 얹어 돈을 벌자고 했다. 예나 아빠는 남의 불행을 이용해 돈을 버는 일은 나쁘다고 반대했다. 대형 스포츠 매장을 운영하는 태원이 아빠는 돈을 더 줄 테니 자기 가게를 먼저 고쳐 달라고 했다. 예나 아빠는 결국 수고비와 웃돈을 챙긴 뒤 태원이네 가게를 먼저 고쳐 주기로 했다. (169~187쪽)

생각이 쑤욱

1 (가)에서, 태원이와 강성이의 의견 가운데 누구의 의견에 찬성하며, 그 이유는 무엇인지 말해 보세요.

☞ 태원이는 야구 경기 관람 경비를 가난한 광수에게 부담시키지 말자는 의견이고, 강성이는 일정 부분을 부담시키자는 생각입니다.

▲각자에게 분배해야 할 정당한 몫을 놓고 의견이 엇갈리듯, 비용의 정당한 분담에 관해서도 사람마다 의견이 다를 수 있다.

2 (나)에서 예나는 법이나 규칙을 어기는 행동을 하지는 않았지만, 서영이의 기분을 나쁘게 했습니다. 예나가 처음부터 어떻게 행동했더라면 서영이도 만족했을지 생각해 보세요.

▲정의로운 행동은 이기심을 버리고 상대를 배려하는 마음에서 시작된다.

머리에 쏘옥

어떻게 도와야 정의로울까

광수는 부모님 없이 할머니와 둘이 어렵게 삽니다. 그래서 야구 경기를 관람하러 갈 돈이 없습니다. 태원이와 강성이는 광수의 사정을 잘 압니다. 돈이 없는 광수에게 야구 경기 관람 비용을 스스로 내라고 하거나, 빼 놓고 둘만 간다면 사이가 벌어질 것입니다. 심하면 조그만 일에도 다툴 수 있습니다.

태원이의 입장에서는 광수가 돈이 없으므로 강성이에게 광수의 경비까지 모두 대서 함께 구경을 가자고 합니다. 광수에게 돈을 내도록 하면, 광수는 할머니에게 얘기해 다른 사람에게 돈을 꾸도록 해야 합니다. 그럼 가정 형편이 더욱 어려워지고, 끼니를 굶어 건강이 나빠질 수도 있습니다. 그러면 광수는 태원이와 강성이를 원망할 것입니다.

그런데 강성이는 태원이와 힘을 합쳐 광수의 비용을 모두 부담하면 불공평하다는 입장입니다. 그러니 광수에게 일정 부분을 내게 하자는 것이지요. 둘이 모든 경비를 댈 경우, 나중에 같은 일이 벌어지면 광수는 조금도 노력하지 않을 것입니다. 그리고 공짜로 가려는 버릇이 들 수도 있습니다.

생각이 쑤욱

3 (다)에서, 학급의 평균 성적을 높이기 위해 덕만이가 시험을 치지 말아야 한다는 의견을 반박해 보세요.

▲약자에게서 기회를 뺏는 일은 정의롭지 못하다.

4 (라)에서, 다수결 원칙의 단점을 들고, 소수의 의견도 존중하면서 문제를 풀기 위해 구청이 할 수 있는 역할을 말해 보세요.

▲다수결로 의견을 정할 때는 잘못된 다수의 의사가 올바른 소수의 의사를 억누를 수 있다.

머리에 쏘옥

다수결 원칙은 항상 옳은가

민주주의에서는 공동체 구성원들의 의견이 하나로 모이지 않을 때 다수의 의견에 따르는 다수결의 원칙을 존중합니다. 다수결의 원칙은 쉽고 빠르게 문제를 해결할 수 있는 장점이 있지요.

하지만 다수결 원칙에 따라 결정된 의사가 항상 올바른 선택은 아닙니다. 한 사람이 옳은 주장을 하는데 99명이 반대하는 경우도 있으니까요. 따라서 더 많은 사람이 동의했다는 이유로 지역 이기주의를 합리화할 수도 있습니다. 다수결의 원칙은 구성원 모두의 바람을 담아 내지 못하는 한계점도 있습니다. 따라서 다수결의 원칙이 정의로운 의사 결정 방식이 되려면, 구성원들이 충분히 대화를 나누어 소수의 의견도 반영해야 합니다.

구청에서는 부자 지원 센터가 동네에 들어설 경우의 장단점을 빠짐없이 알리는 주민 설명회를 열어야 합니다. 그리고 공청회를 열어 지원 센터를 설립할 경우 불편한 점을 최소화하고, 장점을 최대한 살릴 수 있는 아이디어를 모아야 합니다. 지원 센터 건물에 주민들을 위한 수영장이나 도서관을 만들어도 됩니다.

생각이 쑤욱

5 (마)에서 무지개반이 상벌점제를 계속 운영할 경우 생길 수 있는 문제점을 예상해 보고, 학생들이 스스로 떠들지 않도록 할 수 있는 방법을 제안하세요.

▲학급의 구성원들이 학교에서 스스로 떠들지 않을 때 얻을 수 있는 장점을 깨닫게 해야 한다.

머리에 쏘옥

법이나 규칙을 강화할 때 생길 수 있는 문제점

　법은 공동체가 평화롭고 질서 있게 유지되도록 강제합니다. 그러나 법을 지나치게 강화하거나, 세세한 부분까지 제한할 경우 장점보다는 단점이 큽니다. 새로운 사건이 발생할 때마다 그에 맞는 법을 만들어야 하기 때문이지요. 또 어긴 사람들에게 벌을 주는 데도 비용이 많이 들어갑니다.

　법이 많을수록 구성원들은 아무것도 하지 않으려 하기 때문에 공동체의 분위기도 굳어 버립니다. 또 법에 조금이라도 허점이 생기면 그 허점을 이용하려고 드는 사람도 늘어나지요. 이런 공동체는 구성원들끼리 서로 믿지 못하기 때문에 협동심을 발휘하지 못하고, 갈등만 커지게 됩니다. 따라서 구성원들에게 강제로 질서를 찾게 하기보다는 자율적으로 질서를 갖추도록 해야 더 효율적입니다.

　무지개반이 떠들지 않게 하려면, 매일 떠들지 않은 사람을 골라 상을 주는 제도를 운영하면 벌점제보다 효과적일 것입니다.

> 생각이 쏙쏙

6 (바)에서 태원이 아빠와 예나 아빠의 행동이 왜 비난 받을 일인지 설명하고, 이 마을이 어떻게 하면 최단 시간에 최소의 비용을 들여 태풍 피해를 극복할 수 있을지 아이디어를 내 보세요.

▲도움이 가장 급한 곳부터 수리를 하면 주민들의 공감을 얻을 수 있고, 불편도 줄일 수 있다.

> 머리에 쏘옥

어떻게 해야 더불어 살 수 있을까

태원이와 예나가 사는 동네는 태풍이 덮쳐 피해가 큽니다. 특히 건물의 유리가 많이 파손되었지요.

그런데 태원이네처럼 부자들이 웃돈을 얹어 주며 파손된 유리를 먼저 수리할 경우 유리 값이 비싸집니다. 웃돈이 웃돈을 부르기 때문이지요. 유리 값이 계속 오르면 유리 업자들은 더 많은 웃돈을 바라면서 피해를 당한 집을 고치지 않고 미루게 됩니다. 그럼 광수네처럼 가난한 집은 수리할 엄두도 내지 못합니다. 그리고 동네 전체가 추가 비용을 물고, 피해 복구도 늦어져 손해가 크지요.

따라서 마을 사람들과 유리 가게 주인들이 만나 합의를 하면 좋습니다. 평소보다 유리 값을 조금 더 비싸게 주되, 동네 주민 전체가 공동 구매를 하는 것입니다. 그리고 가장 급한 곳부터 수리하도록 순번을 정하면 됩니다.

▲정당하지 못한 거래가 늘어날수록 사회 전체가 손해를 보게 된다.

7 아래 제시문에서 코로나19 백신을 독점하는 고소득 국가들의 잘못을 지적하고, 저소득 국가들에 백신을 지원하는 것이 스스로를 돕는 일임을 주장해 보세요(400~500자).

국제 인권 단체인 국제엠네스티가 2021년 9월 발표한 자료에 따르면, 고소득 국가들이 코로나19 백신 생산량의 80~85%를 독점하는 것으로 나타났다. 국민 70% 이상이 접종을 완료하고 추가 접종을 하기 위해서 백신 확보에 나섰기 때문이다. 이에 비해 저소득 국가들은 백신을 살 돈이 모자라 접종률이 3%에 불과했다. 저소득 국가에서 코로나19의 확산을 잡지 못하면 세계적 유행을 막을 수 없다. 그리고 저소득 국가의 경제가 나빠질 경우 고소득 국가에서 만든 물건도 팔 수 없게 된다.

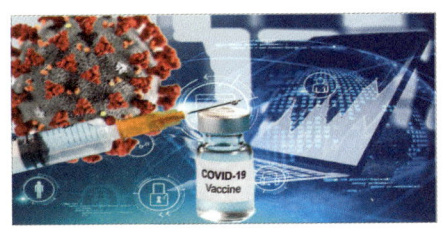
▲고소득 국가와 저소득 국가의 코로나19 백신 불평등이 심해졌다.

<신문 기사 참조>

사회문화

과학 기술의 양면성 보여 줘

『슬픈 노벨상 인류를 구했던 영광의 노벨상, 왜 세계의 재앙이 되었을까?』
정화진 지음, 파란자전거 펴냄, 188쪽

줄거리

DDT, 페니실린, 화학 비료, 핵분열, 유전자 변형 농산물(GMO)은 처음 세상에 나왔을 때 그 공을 인정받아 노벨상이 주어졌습니다. 사람들에게 도움을 주고 세계 평화에 기여한 공로이지요. 그런데 시간이 지나면서 오히려 생태계를 위험에 빠뜨리거나 재앙을 불러왔습니다. 항생제는 내성으로 사람들을 죽게 했고, DDT는 생태계를 파괴했으며, 화학 비료는 하천을 오염시켰습니다. 핵분열은 2차 세계대전 때 핵무기로 이용되어 수많은 생명을 앗아갔습니다. 유전자 변형 농산물(GMO)은 더 독한 제초제를 쓰게 했고, 사람과 가축을 병들게 했습니다.

상을 받는 사람과 단체 차별하지 말도록 유언

▲노벨이 발명한 다이너마이트. 심지 끝에 불을 붙이면 타 들어가서 폭발한다.

(가)스웨덴의 알프레드 노벨(1833~96)은 다이너마이트를 발명해 갑부가 되었어요. 노벨은 죽기 전에 유언장을 작성했는데, 재산의 63%를 인류의 발전에 가장 중요하면서 선구적인 발견이나 성과를 이룬 개인 또는 단체에 상으로 주도록 했어요. 노벨은 상을 받을 사람에게 어떤 제한이나 차별을 두지 말도록 했어요. 스웨덴 사람이건 외국 사람이건, 남자건 여자건 차별하지 말고 가장 공로가 큰 사람에게 주라고 유언을 남겼어요. 스웨덴 국민의 일부는 나라의 재산이 해외로 빠져나갈 수 있었기 때문에 걱정과 분노를 표현했답니다. (14~17쪽)

DDT로 전염병 줄었지만 곤충과 새 등 사라져

▲해충을 퇴치하려고 비행기로 DDT를 뿌리고 있다.

(나)스위스의 과학자 파울 헤르만 뮐러(1899~1965)는 DDT(디디티) 합성에 성공해 1948년 노벨 생리의학상을 받았어요. DDT는 파리와 모기 등 곤충을 죽이는 살충제인데, 한 번 뿌리면 효과가 오래갔어요. 당시 전염병이 창궐했는데, DDT를 뿌리자 전염병이 사라졌어요. 특히 말라리아의 경우 해마다 3억 명이 걸려 300만 명은 죽었는데, DDT를 뿌리자 환자가 10분의 1 밑으로 줄었어요. 하지만 시간이 지나면서 곤충과 새, 물고기까지 죽기 시작했어요. 모기와 파리를 퇴치하려고 비행기로 뿌린 DDT 때문이었죠. (36~39, 42, 46~47쪽)

이런 뜻이에요

- **선구** 어떤 일이나 생각 등에서 다른 사람보다 앞선 사람.
- **DDT** 유기 염소 계열의 살충제이자 농약.
- **말라리아** 말라리아 원충에 감염된 암모기에 물려서 발생하는 전염병.

항생제 페니실린 발견해 세균 감염 치료

(다)영국의 미생물학자인 플레밍(1881~1955)은 부상자의 상처 부위가 곪거나 썩지 않게 하는 물질을 찾아내는 연구에 매달렸어요. 못에 찔리거나 장미 가시에 찔려도 세균에 감염되어 파상풍 또는 패혈증으로 숨지는 사람이 많았으니까요. 플레밍은 페니실린을 발견했고, 1945년 그 공로를 인정받아 노벨 생리의학상을 받았어요. 플레밍은 상을 받은 뒤 한 강연에서 누구든지 가게에서 페니실린을 살 수 있는 날이 올 것이라고 말했어요. 그리고 무지한 사람들이 쉽게 약을 복용해 몸 안의 세균이 내성을 갖게 될 것이라고 경고했어요. (58~64, 73쪽)

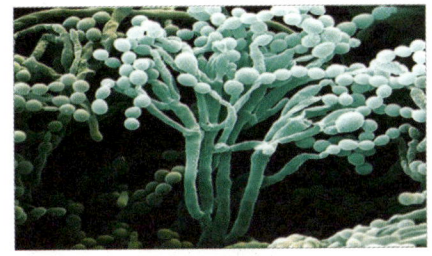

▲푸른곰팡이의 모습. 플레밍 박사는 푸른곰팡이를 배양해 얻은 항생제인 페니실린을 발견했다.

화학 비료가 수확량 늘렸지만 하천 오염시켜

(라)독일의 화학자 프리츠 하버(1868~1934)는 인류 최초로 화학 비료를 대량 생산하는 데 성공해 1918년 노벨 화학상을 받았어요. 밭에서 자라는 작물에 화학 비료를 주자 크고 빠르게 자랐어요. 가뭄이 들어도 성장을 멈추지 않았고, 열매는 몇 배나 더 많이 달렸어요. 그러나 화학 비료를 많이 사용한 농촌의 지하수가 오염되어, 지하수에 분유를 타 먹인 아기가 몸이 파랗게 변하는 청색증에 걸렸어요. 과다한 영양분이 강으로 흘러들어 플랑크톤이 너무 늘어나는 바람에 물고기도 떼죽음을 당하는 일이 벌어졌지요. (105~110쪽)

▲논밭에 화학 비료를 뿌리면 수확량은 늘지만, 비료 성분이 빗물에 녹아 하천으로 흘러들어 환경을 오염시킨다.

이런 뜻이에요

파상풍 파상풍균이 상처 부위에 감염되어 몸이 쑤시고 아프며 근육 수축이 일어나는 병.
패혈증 미생물에 감염되어 온몸에 염증이 생기는 바람에 생명이 위태로운 증상.
내성 세균 등 병원체가 항생제를 계속 사용할 때 갖는 저항성.
청색증 오염된 물에 포함된 질산염이 몸속의 산소 공급을 막아 생기는 질병.

| 본문 맛보기 |

핵은 친환경 에너지이지만 사고 나면 치명적

▲1986년 4월 우크라이나의 체르노빌 원자력 발전소가 폭발하는 바람에 피폭되어 암으로 숨진 사람이 3만~6만 명에 이른다.

(마)독일의 화학자 오토 한(1879~1968)은 핵분열이 일어날 때, 엄청난 에너지가 생긴다는 사실을 발견해 1944년 노벨 화학상을 받았어요. 하지만 2차 세계대전에서 핵폭탄이 사용되자 죽는 날까지 핵무기의 개발과 핵실험에 반대하는 운동을 했습니다. 미국은 전쟁이 끝난 뒤 원자력위원회를 설립하고, 원자력을 평화적으로 이용하기 위한 연구를 했어요. 핵발전소가 지어졌는데, 전력 생산비가 적게 들고 이산화탄소 등 오염 물질을 배출하지 않았지요. 하지만 체르노빌 원자로 폭발이 일어나면서 유럽에서 반핵 운동이 크게 일어났어요. (133~135쪽)

유전자 조작해 품종 개량… 농약 더 사용해야

▲노먼 블로그는 우리나라 토종인 앉은뱅이밀(오른쪽)의 개량종을 이용해 소노라 64(왼쪽)를 탄생시켰다.

(바)미국의 농학자인 노먼 볼로그(1914~2009)는 '소노라 64'라는 밀 품종을 개발해 사람들을 기아에서 구한 공로로 1970년 노벨 평화상을 받았어요. 그 뒤 유전자 정보가 담긴 DNA가 밝혀지면서 DNA의 특정 부분을 잘라 내고 다른 DNA를 갖다 붙일 수 있게 되었지요. 그래서 오랜 교배 과정 없이 품종을 개량할 수 있게 되었어요. 라운드업레디라는 콩은 라운드업 제초제에 면역력이 있어 잡초는 죽어도 콩은 살아남았어요. 하지만 해마다 제초제의 양을 늘리거나 독성이 강한 제초제를 뿌려야 했어요. (157~164, 171~174쪽)

이런 뜻이에요

원자력위원회 1946년 미국이 원자력 기술의 평화적인 사용을 연구하고 감독하려고 만든 기관. 1975년 해체되었다.
DNA 유전자의 본체. 데옥시리보스를 함유한 핵산.
교배 동식물의 암수를 인위적으로 수정 또는 수분시켜 다음 세대를 얻는 일.
면역력 생물체가 외부 인자(항원)에 대하여 방어하는 힘.

> 생각이 쑤욱

1 노벨이 노벨상을 받을 사람이나 단체를 선정할 때 어떤 이유로든 차별을 두지 말라고 유언한 까닭을 추측해 보세요.

▲노벨상 수상자에게 주는 메달.

2 농사를 지을 때 화학 비료를 많이 사용할 경우 하천의 물고기가 떼죽음을 당하는 까닭을 설명하세요.

▲화학 비료에 들어 있는 영양분이 하천에 흘러들면 플랑크톤이 폭발적으로 증가한다.

머리에 쏘옥

금지된 DDT를 사용하는 이유

DDT는 스위스에서 식량 부족 사태를 겪을 때 해충의 피해를 줄이기 위해 개발했습니다.

DDT가 처음 나왔을 때는 말라리아 등 전염병을 억제해 인류에게 크게 도움이 되었습니다. 1955년 세계보건기구(WHO)는 세계적인 말라리아 추방 계획을 추진하면서 DDT를 적극 사용해 수많은 생명을 구했지요.

그러나 1962년 미국의 해양 생물학자인 레이철 카슨(1907~64)이 펴낸 『침묵의 봄』에서 DDT가 암을 일으키고, 생태계를 위협한다고 지적한 뒤, 1970년대 전후로 대다수 국가에서 사용을 금지했습니다.

하지만 지금도 말라리아 환자가 많이 나오는 아프리카 등 제3세계에서는 DDT를 사용합니다. DDT보다 짧은 기간에 가장 싸면서도 모기를 죽이는 데 뛰어난 효과를 발휘하는 살충제가 없기 때문이지요. DDT의 부작용보다는 말라리아 퇴치가 더 급한 과제인 것입니다.

WHO에 따르면 말라리아로 인한 사망자가 해마다 100만 명이 넘습니다.

생각이 쑤욱

3 대다수 국가에서 DDT의 부작용 때문에 사용이 금지되었는데도 아프리카 등 가난한 나라에서 DDT를 사용하는 이유를 생각해 보세요.

4 (다)의 밑줄 친 부분을 참고로, 항생제를 많이 써서 생기는 슈퍼박테리아의 출현 과정을 추측해 보세요.

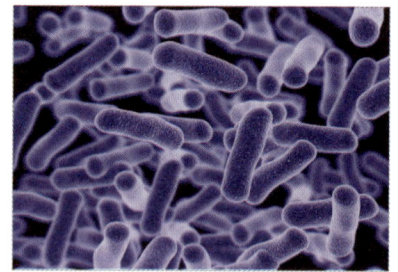

▲슈퍼박테리아는 항생제에 내성이 생겨 어떤 강력한 항생제를 써도 죽지 않는 세균을 말한다.

머리에 쏘옥

항생제와 슈퍼박테리아

항생제는 미생물이 만들어 낸 물질로, 다른 미생물이 성장하지 못하게 막거나 죽게 만들지요. 따라서 인체의 세균 감염을 치료하는 데 쓰입니다. 최초의 항생제가 페니실린입니다.

그런데 사람들이 항생제를 자주 쓰면 병원균이 항생제에 저항할 수 있는 힘을 기르게 됩니다. 이런 힘을 내성이라고 합니다. 이 때문에 더 강력한 항생제를 써야 하지요. 처음에는 병원균이 한 가지 종류의 항생제에만 내성을 길러 살아남지요. 그러다 나중에는 어떤 항생제를 써도 살아남는 강력한 내성을 가진 세균이 탄생합니다. 이를 슈퍼박테리아라고 하지요.

사람은 자신도 모르게 항생제를 먹을 수도 있습니다. 예를 들면 가축을 키울 때 병에 걸리지 말라고 사료에 항생제를 넣거나, 항생제 주사를 맞히지요. 그 가축의 고기나 알을 먹으면 몸에 항생제 성분이 쌓이면서 슈퍼박테리아가 나오게 됩니다.

| 생각이 쏘옥 |

5 (가)를 참고해 원자력 발전의 장단점을 각각 두 가지씩 들어 보세요.

장점	단점

6 라운드업레디처럼 유전자를 조작해 제초제에 저항력이 있는 품종을 개량할 경우 생길 수 있는 문제점을 지적해 보세요.

▲미국에서 2019년 모든 제초제에 저항성을 보이는 슈퍼 잡초인 물대마가 발견되었다. 이 식물은 옥수수와 콩, 가을밀 등 다양한 작물의 성장을 방해한다.

머리에 쏘옥

라운드업레디 콩

▲미국 일리노이주의 한 농장에서 라운드업레디를 재배하고 있다.

라운드업레디는 1996년 세계 1위 종자 기업인 독일의 몬산토에서 유전자를 조작해 제초제에 저항력을 갖도록 품종을 개량한 콩입니다. 일반 콩보다 훨씬 많은 콩이 달리고, 제초제를 치는 횟수도 적어서 인기가 좋았지요.

그런데 해마다 콩의 종자를 몬산토에서 새로 사야 한다는 단점이 있었어요. 수확한 종자를 다음 해 그대로 심으면 열매가 맺지 않도록 유전자를 조작해 놓았기 때문이지요.

한두 해는 제초제를 뿌리면 라운드업레디를 제외한 모든 풀이 죽었습니다. 그런데 시간이 지나면서 잡초의 종류와 양이 해마다 늘었어요. 그리고 점점 독한 제초제를 뿌려야 했어요. 제초제의 사용량이 9배나 증가했지요.

더 큰 문제는 농장을 운영하는 마을에서 장애아가 많이 출산되고, 암과 당뇨병, 백혈병 환자가 갑자기 늘었답니다. 확실히 밝혀진 사실은 아니지만, 유전자 조작 콩을 먹은 사람들의 면역력이 떨어졌기 때문으로 풀이하고 있습니다.

생각이 쑤욱

7 아래 글을 참고해, 4차 산업혁명 시대의 핵심 과학 기술인 인간 유전자 조작 기술의 장단점을 지적하고, 악용을 막을 방법을 제시하세요.

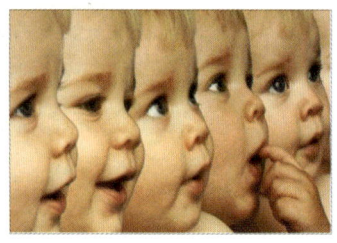
▲유전자 조작이 허용되면 지능과 눈동자의 색깔을 조절하는 등의 맞춤형 아기가 탄생할 수 있다.

중국 남방과학기술대의 허젠쿠이 교수는 2018년 11월 에이즈(후천성 면역결핍증후군)에 감염되지 않도록 유전자를 변형한 쌍둥이 여아를 탄생시켰다고 주장했다. 쌍둥이에게서 에이즈 바이러스의 침투를 허용하는 유전자를 제거했다고 한다. 이에 대해 세계의 과학자들은 안전성이 검증되지 않은 유전자 조작 기술을 인간에게 적용했다면, 심각한 연구 윤리와 생명 윤리 위반이라고 비판했다. 하지만 에이즈가 공중 보건을 심각하게 위협하는 상황에서 당연한 시도라고 옹호하는 목소리도 있다.

<신문 기사 참조>

머리에 쏘옥

인간 유전자 조작의 명암

유전자 편집 기술은 유전자가위가 개발되어 가능합니다. 유전자가위란 유전체에서 원하는 부위의 DNA를 정교하게 잘라 내는 기술을 말합니다.

전문가들은 유전자 편집 기술이 더 발전하면 맞춤형 아기가 탄생할 수 있다고 합니다. 질병을 일으키는 유전자를 조작해 일생을 괴롭힐 장애나 질병에서 자유로울 수 있는 장점이 있습니다. 개인의 경우 삶의 질이 개선되고, 생산성을 높일 수 있지요. 사회적으로도 의료비가 절약됩니다.

하지만 결국 남다른 자식을 가지고 싶은 부모의 욕심 때문에 완벽한 외모와 뛰어난 지능을 가진 아기만 탄생할 것입니다. 그리고 이러한 혜택은 돈이 있는 사람에게만 돌아가고, 돈이 없는 사람은 상대적으로 못생기고 열등한 자식을 두게 되지요. 유전자 차별이 일어날 수 있는 것입니다.

따라서 전문가들은 인간의 유전자 조작은 안전성이 확보되고, 사회적인 공감대가 형성될 때까지 법적으로 금지해야 한다고 경고합니다.

▲유전자 조작이 허용되면 지능과 눈동자의 색깔을 조절하는 등의 맞춤형 아기가 탄생할 수 있다.

생각이 쑤욱

8 이 책과 아래 글을 참고해, 과학자가 자신의 연구 결과에 대해 윤리적 책임을 져야 하는지 자신의 의견을 밝히세요(400~500자).

책임을 져야 한다	책임질 필요가 없다
현대 과학 기술 연구에는 많은 인력과 막대한 돈이 들어간다. 이러한 연구는 정치나 상업적 목적에 따라 결정되는 사례가 많다. 또 연구 분야가 주로 인공 지능과 생명공학, 무기 개발 등 미래 세대에까지 영향을 미친다. 따라서 과학 기술의 자유도 다른 자유처럼 윤리적 책임을 져야 하므로, 과학자에게도 책임이 있다.	과학 기술은 원래 앎에 목적이 있다. 과학자의 연구 결과가 낳은 환경 오염과 군사 무기화 등의 부작용은 과학자의 책임이 아니다. 과학자들이 연구의 결과까지 책임져야 한다면 지금 누리는 과학 기술의 발전은 기대하기 어려웠을 것이다. 따라서 그 부작용의 책임은 과학 기술을 이용하거나 이용을 결정한 사람들이 져야 할 몫이다.

국내문학

로봇과 인간은 친구가 될 수 있을까

『로봇 친구 앤디』

박현경 지음, 별숲 펴냄, 200쪽

줄거리

강이루의 외삼촌은 로봇 회사에서 연구원으로 일한다. 이루는 어느 날 외삼촌이 선물한 인공 지능 로봇인 앤디와 친구가 된다. 그런데 전학 온 거인 그룹 회장의 손자 신태오가 앤디를 빼앗는다. 이루는 태오가 어릴 적 친구인 도윤이와 같은 인물이라고 의심한다. 태오는 할아버지의 말을 우연히 엿듣는데, 자신이 신도윤이란 사실을 안다. 그리고 자신의 기억이 사라진 이유와 죽은 줄 알았던 엄마가 살아 있다는 사실을 안다. 이루와 앤디는 태오를 도와 섬에 갇혀 있던 태오의 엄마를 구한다. 하지만 섬의 연구소가 폭발하는 바람에 앤디가 망가진다. 이루는 앤디를 새로 만들어 주겠다는 외삼촌의 제의를 거절한다.

본문 맛보기

외삼촌이 인공 지능 로봇 앤디 선물

▲앤디는 길쭉하고 단단한 상자에 담겨 집으로 배달되었다.

(가)강이루는 뉴로보틱스사에서 로봇 개발자로 일하는 외삼촌에게 안드로이드 로봇인 앤디를 선물로 받았다. 앤디는 사람처럼 생겼고 힘이 세며, 스스로 생각하고 판단하는 능력을 지녔다. 외삼촌은 앤디가 지금까지 만든 로봇 가운데 최고라며, 앤디가 로봇이라는 사실을 비밀로 해 달라고 말했다. 그리고 또래들과 생활하며 여러 경험을 할 수 있게 도와 달라고 부탁했다. 아빠도 비밀을 지켜야 한다고 했다. 앤디는 처음에 이루의 말과 행동을 따라서 했지만, 나중에는 자연스럽게 말하고 행동했다. 이루는 앤디와 친구가 되었고, 학교도 함께 다녔다. (9~21쪽)

전학생 태오가 옛 친구 신도윤과 닮아

▲태오와 그의 패거리는 약한 아이들만 골라 시비를 걸었다.

(나)이루는 전학생 신태오가 소식이 끊긴 옛 친구 신도윤과 무척 닮아서 놀랐다. 태오는 할아버지가 거인 그룹 회장이라 돈도 많은 데다 머리도 좋고 운동도 잘했다. 하지만 자기 맘대로 행동했고 패거리를 끌고 다니며 세아 등 약한 학생을 괴롭혔다. 이루는 몸이 약했지만 예의 바르고 상냥했던 도윤이를 떠올리며, 태오가 도윤이일 리 없다고 생각했다. 태오는 게임에서 앤디에게 자꾸 지자 자존심이 상해 앤디와 이루에게 쌀쌀맞게 굴었다. 이루는 태오의 옆에 앉았다가 태오의 귓불과 손에 난 상처가 도윤이와 같음을 알고, 태오에게 정체를 밝히라며 소리쳤다. (28~45쪽)

이런 뜻이에요

안드로이드 인간과 닮은 모습을 하고 인간처럼 행동하는 로봇.

본문 맛보기

교통사고 현장에서 트럭 들어 올려 아기 구해

(다)이루와 앤디, 세아는 유모차가 트럭 밑에 깔린 교통사고를 목격했다. 앤디는 몰래 트럭을 들어 올려 아기를 구했다. 그런데 태오의 패거리가 그 장면을 찍어서 태오에게 주는 바람에 앤디가 로봇임이 들통났다. 태오는 이루와 앤디가 자기 패거리에 들어와야 비밀을 지켜 준다고

▲앤디는 트럭에 유모차가 깔리자 트럭을 들어 올려 아기를 구했다.

우겼다. 이루가 거절하자 태오는 패거리를 시켜 다리가 불편한 세아를 괴롭혔다. 이루는 화가 나 앤디를 시켜 태오를 지붕 위에 올려놓게 만들고, 엄마에게는 비밀로 하라고 거짓말을 시켰다. 태오는 뉴로보틱스의 투자자인 할아버지에게 앤디를 빼앗아 달라고 말했다. (70~105쪽)

태오에게서 도윤 모습 찾지 말라는 소리 들어

(라)거인 그룹의 실장 아저씨는 이루에게 태오는 다시 태어난 것과 마찬가지이니, 태오에게서 신도윤의 모습을 찾지 말라고 충고했다. 이루는 마음이 없는 앤디가 이별을 슬퍼하지 않는 것 같아 속상했다. 하지만 앤디는 이루와 지낸 시간을 기억하겠다고 약속했다. 태오는 앤디를 데려간 뒤

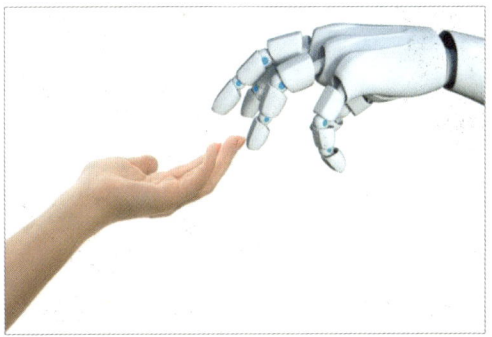
▲이루와 앤디는 함께했던 시간을 기억하며 헤어졌다.

에도 이루를 괴롭혔다. 앤디는 이루를 보호하려다 충격을 받아 고장이 나는 바람에 연구소로 보내졌다. 이루는 태오에게 앤디의 기억에 손을 대지 말라고 경고했다. 하지만 태오는 할아버지에게 앤디의 기억을 지워 달라고 하기로 마음먹었다. (109~138쪽)

본문 맛보기

후계자 삼을 욕심에 손자를 사이보그로 개조

▲태오는 할아버지가 기억을 없애는 바람에 옛날 기억이 사라졌다.

(마)태오는 할아버지의 말을 엿듣다 기억을 되찾았다. 할아버지는 그룹 후계자의 자리를 포기하고 살던 태오의 부모님을 강제로 데려오려다 교통사고를 냈다. 그때 태오의 아빠는 죽었고, 엄마와 태오는 다쳤다. 할아버지는 태오의 기억을 모두 지운 뒤 다친 몸을 사이보그로 만들었다. 할아버지는 태오를 후계자에 어울리도록 강하게 만들라고 명령했다. 기억을 찾은 태오는 할아버지에게 대들다 창고에 갇혔는데, 앤디의 도움을 받아 이루의 집으로 달아났다. 이루와 앤디, 세아는 태오의 말을 듣고, 태오의 엄마가 갇힌 붉은사막섬으로 향했다. (132~164쪽)

폭발한 연구소에서 이루 구하려다 망가져

▲앤디는 폭발한 연구소에서 연구원을 구하려다 불길에 휩싸여서 시스템이 심각하게 망가졌다.

(바)병원에는 태오 엄마 말고도 많은 사람이 갇혀 있었다. 연구소에서는 생명공학과 정보 기술로 장애가 있는 사람을 돕는 프로젝트를 진행했다. 그런데 태오 할아버지의 요구로 기억을 지우거나 약물로 사람을 개조하는 실험까지 했다. 연구원들은 거인 그룹의 잘못을 알리려고 연구소에 불을 질렀다. 앤디는 이루를 찾으려다 연구소에서 빠져나오지 못해 망가진 채로 발견되었다. 거인 그룹의 문제가 밝혀지자 태오 할아버지는 감옥에 갇혔고, 태오는 엄마와 살 수 있게 되었다. 이루는 앤디를 새로 만들어 주겠다는 외삼촌의 제안을 거절했다. (177~200쪽)

이런 뜻이에요
사이보그 뇌 이외의 신체 일부가 기계 장치로 교체된 생물체.

| 생각이 쑤욱 |

1 강이루와 앤디의 공통점과 차이점을 세 가지씩만 들어 보세요.

	강이루	앤디
공통점		
차이점		

2 앤디가 인공 지능 로봇이라는 비밀이 다른 사람들에게 알려졌을 때 일어날 수 있는 문제점을 아는 대로 말해 보세요.

▲로봇을 이용해 범죄를 저지를 수 있다.

머리에 쏘옥

인공 지능 로봇의 악용 사례

▲미국의 로봇 업체인 보스턴다이내믹스사(2021년 현대차가 사들임)가 2014년에 개발한 전투용 인공 지능 로봇.

인공 지능을 악용하면 테러를 일으킬 수 있습니다. 무인 자동차나 드론에 무기를 실어 많은 사람이 모이는 장소나 건물을 공격하는 것이지요. 인공 지능 로봇에게 암살을 명령할 수도 있습니다.

인공 지능 로봇을 해킹해서 테러 학습을 시킨 뒤 갑작스럽게 공격할 수도 있습니다.

인공 지능 로봇에 무기를 장착시켜 전쟁터에 내보내면 전쟁을 유리하게 이끌 수도 있습니다.

71

생각이 쑤욱

3 태오는 왜 앤디의 기억을 지우려고 했을까요?

4 강이루의 명령을 받은 앤디는 태오를 지붕 위에 올려놓고 내려왔습니다. 주인의 명령을 받은 인공 지능 로봇이 범죄를 저질렀을 때 누구에게 책임을 물어야 할지 생각해 보세요.

☞ 책임을 물을 대상은 로봇에게 범죄 명령을 내린 주인과 로봇 제조사, 로봇을 들 수 있습니다.

▲로봇 기술이 발전하면서 로봇의 행동을 규제하는 법도 만들어졌다.

머리에 쏘옥

인공 지능 로봇의 잘못 누가 책임져야 하나

▲로봇 관련 법은 로봇이 인간에게 해를 끼치지 못하도록 막는다.

유럽연합(EU)은 2016년부터 로봇에게 책임을 묻는 법을 만들었습니다. 로봇을 전자 인간으로 규정하고, 로봇이 큰 잘못을 저질렀을 경우 폐기할 수 있도록 했습니다. 로봇은 인공 지능으로 사람과 같은 정도의 판단력과 분별력을 가지고 있다고 보는 거지요.

로봇에게 책임을 묻는 데 반대하는 사람들도 있습니다. 로봇은 사들인 사람의 의도에 따라 움직이므로 로봇의 주인이나 로봇에게 행동을 지시한 사람에게 책임을 물어야 한다는 말이지요. 어떤 사람이 칼로 다른 사람을 해쳤을 때 칼에게 책임을 물을 수 없는 이치와 같습니다.

로봇 제작사에서 로봇을 개발할 때부터 옳지 못한 명령을 수행하지 못하게 만들어야 한다는 의견도 있습니다. 다른 사람을 해치거나 손해를 입힐 수 있는 명령이 입력되지 않도록 하는 것입니다.

생각이 쑤욱

5 앤디처럼 인공 지능을 갖춘 안드로이드 로봇의 활용 방법을 아는 대로 제시해 보세요.

▲일본의 소프트뱅크사가 2015년 판매를 시작한 인공 지능 로봇 페퍼는 노인의 말벗이 되어 준다.

6 강이루는 똑같은 기능을 가진 앤디를 만들어 주겠다는 외삼촌의 제의를 거절합니다. 내가 강이루라면 어떤 이유를 들어 거절하겠습니까?

▲이루는 앤디와 함께한 시간을 소중한 추억으로 간직하고 있다.

머리에 쏘옥

안드로이드의 쓰임새

안드로이드는 사람의 모습이나 행동과 닮았습니다. 따라서 기계의 모습을 그대로 드러낸 로봇에 비해 거부감이 적어 사람과 함께 지내며 도움을 주는 역할을 합니다.

안드로이드 로봇은 노인이나 장애인 가정에서 집안일을 돕고, 이동을 거들어 줄 수 있습니다. 지능이 높기 때문에 말벗이 되거나 정서 교류도 가능해 외로움을 덜어 줍니다.

병원에서도 안드로이드에게 간호사의 일을 맡길 수 있습니다. 안드로이드는 병균에 감염되지 않고, 휴식을 하거나 잠을 자지 않아도 되기 때문에 환자를 잘 돌볼 수 있습니다.

맞벌이 가정에서도 안드로이드가 부모 대신 아이를 돌볼 수 있습니다.

생각이 쑤욱

7 인간과 인공 지능 로봇이 어울려서 평화롭게 살려면 인간과 로봇이 지켜야 될 원칙을 세 가지씩 정하고 그 이유도 밝히세요.

인간이 지켜야 할 3원칙과 그 이유	
원칙	이유

로봇이 지켜야 할 3원칙과 그 이유	
원칙	이유

머리에 쏘옥

로봇 3원칙

아이작 아시모프(1920~92)는 러시아 태생의 미국 작가이자 생화학자입니다. 그는 1977년 '로봇 시리즈'로 불리는 자신의 공상 과학 소설에서 로봇 3원칙을 만들었습니다.

그가 정한 로봇 1원칙은 '로봇은 인간에게 해를 입혀서는 안 되며 위험에 빠진 인간을 모른 척해도 안 된다'입니다. 2원칙은 '1원칙에 위배되지 않는 한 로봇은 인간의 명령에 복종해야 한다'입니다. 3원칙은 '제1원칙과 제2원칙에 어긋나지 않는 한 로봇은 로봇 자신을 지켜야 한다'입니다.

로봇 때문에 미래에 생길 수 있는 문제점을 미리 생각해 로봇이 인간을 위협하는 일을 없애려고 마련한 것이지요. 이 원칙은 실제로 인공 지능 로봇을 연구하는 데 중요한 기준으로 삼고 있습니다.

유럽연합(EU)은 2017년 '로봇 시민법'을 만들었는데, '로봇은 인간을 다치게 해서는 안 되며, 인간이 다치도록 방관해서도 안 된다'고 정했습니다.

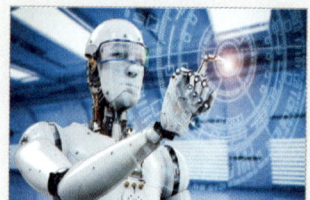

▲아이작 아시모프는 인간의 능력을 뛰어넘는 로봇이 나타날 것이라고 예상했다.

생각이 쑤욱

8 앤디처럼 스스로 생각하고 문제를 해결할 수 있는 인공 지능 개발의 허용을 놓고 찬반 의견 가운데 한 가지를 정해 논술하세요(400~500자).

강한 인공 지능은 인간처럼 다양한 분야에서 문제를 사고하고 해결할 수 있다. 이러한 인공 지능은 감정과 자아, 창의성을 가진다. 그래서 사람의 명령이나 지시 없이 스스로 판단하고 행동에 옮긴다. 강한 인공 지능이 통제에서 벗어나 인간을 위협할 거라며 우려하는 사람들도 있다. 영국의 물리학자 스티븐 호킹(1942~2018)도 인간보다 뛰어난 인공 지능이 일으킬 미래의 위험을 걱정했다. 이에 비해 강한 인공 지능이 개발될 경우 인간은 지금보다 더 발전된 생활을 누릴 것이라며 기대하는 사람들도 있다.

▲강한 인공 지능 로봇은 인간의 지시 없이도 스스로 문제를 해결할 수 있다.

국내 문학

자기 삶의 주인공이 되어 사는 법

『수일이와 수일이』
김우경 지음, 우리교육 펴냄, 220쪽

줄거리

수일이는 여름 방학이 얼마 남지 않았는데, 실컷 놀지 못해 짜증이 났다. 강아지 덕실이는 쥐에게 손톱을 먹이면 가짜 수일이를 만들 수 있다고 알려 주었다. 수일이가 손톱과 발톱을 깎아 빈집에 두자, 쥐가 먹고 가짜 수일이로 변했다. 수일이는 가짜 수일이에게 방학이 끝날 때까지 자기 대신 학원에 다니면 원래대로 만들어 돌려보내겠다고 약속했다. 가짜 수일이는 점점 사람으로 사는 것에 익숙해져 수일이의 자리를 탐냈고, 결국 수일이와 덕실이를 집에서 내쫓았다. 수일이와 덕실이는 들고양이 방울이를 찾아가 가짜 수일이를 쫓아내 달라고 부탁했다.

본문 맛보기

대신 공부해 줄 가짜 만드는 방법 알아내

▲수일이는 게임 속 세상에서 나오면 아무것도 마음대로 되지 않는 현실이 못마땅했다.

(가)수일이는 여름 방학 동안 게임에 푹 빠졌다. 게임 속 세상에서는 자신이 주인이어서 모든 일을 마음대로 했다. 하지만 컴퓨터를 끄고 나면 딴 세상이어서, 다른 사람에게 이끌려 다녀야만 했다. 수일이는 여름 방학이 며칠 남지도 않았는데, 엄마가 다니라고 한 학원들 때문에 놀지 못해 불만이 가득했다. 그러다 기르던 개 덕실이에게 자신이 둘이어서 가짜 수일이가 대신 학원을 다녔으면 좋겠다고 말했다. 덕실이는 수일이에게 손톱을 깎아 쥐에게 먹이면 가짜가 생긴다고 일러 주었다. 수일이는 손톱과 발톱을 깎아 빈집에 던져 넣었다. (12~13, 16~21쪽)

가짜 만들어 대신 학원 보내고 자신은 놀러 다녀

▲가짜 수일이는 인간 세상이 두려워 다시 쥐로 돌아가고 싶다고 말했다.

(나)수일이는 다음 날 빈집에서 자신과 똑같이 생긴 가짜 수일이를 만났다. 수일이는 사람이 되기 싫다고 우는 가짜 수일이에게 자기 대신 학원에 다니면 쥐로 돌아갈 방법을 알려 준다고 약속했다. 가짜 수일이는 학원에 다녔고, 수일이는 친구들과 놀러 다녔다. 영문을 모르는 수일이의 부모님은 가짜 수일이만 데리고 여름 휴가를 떠났다. 빈집에 남겨진 덕실이와 수일이는 배고픔에 떨었다. 개학을 하자 수일이는 가짜를 학교에 보냈다. 하지만 아이들에게 거짓말을 꾸며 대야 했고, 집에서도 들킬까 봐 함부로 말을 꺼낼 수 없어 불편했다. (20~23, 72~80쪽)

> 본문 맛보기

쥐로 돌려보내 주겠다고 했지만 거절 당해

(다)수일이는 가짜에게 다시 쥐로 만들어 주겠다고 말했다가 거절을 당했다. 친구의 고양이를 보여 줘서 내쫓으려 했지만 겁을 먹지 않았다. 가짜 수일이는 농부가 되려는 꿈도 가졌고, 알아서 공부했다. 수일이는 자신이 가짜가 된 듯한 기분에 사람들의 눈을 피해 숨어 다녔다. 수일이는 가짜가 진짜보다 더 좋은 대접을 받는다는 점에서 자신이 복제 양 '돌리'의 어미 양과 같은 처지라고 생각했다. 다른 점이 있다면 돌리는 처음부터 마음대로 만들어졌지만, 가짜 수일이는 스스로 만들었다는 점이었다. 수일이는 스스로 가짜를 책임져야 한다고 생각했다. (104~126쪽)

▲영국의 복제 양 돌리는 1996년에 어미 양의 체세포를 복제해 만들었다.

사실 탄로나면 엄마가 충격 받을까 봐 겁먹어

(라)수일이는 윗집 아주머니에게 가짜 수일이와 함께 있다가 들킨 뒤 불안해졌다. 수일이는 결국 부모님에게 가짜 수일이에 대해 털어놓았지만 믿지 않았다. 수일이는 쥐약을 샀는데, 가짜에게 금세 들켰다. 가짜는 수일이에게 덕실이와 함께 당장 집을 떠나라고 했다. 화가 난 진짜 수일이는 가짜와 주먹다짐을 하며 싸웠다. 가짜 수일이는 엄마가 임신한 사실을 알려 주며, 둘이 함께 나타나면 엄마가 충격으로 쓰러져 아기를 잃을 것이라고 협박했다. 수일이는 엄마가 걱정되어 집을 떠나기로 마음먹었다. (127~154쪽)

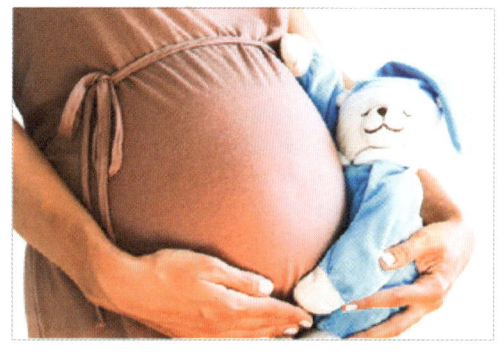
▲수일이는 임신한 엄마가 충격을 받을까 봐 가짜 수일이에 대한 사실을 더 밝히지 못했다.

79

길들지 않은 고양이만 가짜 내쫓을 수 있어

▲사람에게 길들여진 집고양이와 달리, 들고양이는 스스로 먹을 것을 해결하며 본성에 따라 산다.

(마)수일이는 2층에 사는 할아버지한테 가짜를 만든 일을 털어놓았다. 할아버지는 집에서 키우는 고양이가 아니라 자기 마음대로 사는 들고양이만이 쥐를 내쫓을 수 있다고 알려 줬다. 가짜는 수일이에게 먹다 남은 빵을 주면서 어서 나가라고 했다. 가짜에게 쫓겨난 수일이는 덕실이와 함께 들고양이를 찾으러 가다가 가짜와 싸웠던 아이들을 만나 시비가 붙었다. 그리고 모레 다시 만나 싸움을 마무리하기로 했다. 수일이와 덕실이는 목재소에서 개를 만나, 고양이다운 고양이여야만 가짜를 쫓아낼 수 있다는 사실을 알았다. (161~186쪽)

가짜를 이길 수 있다고 마음먹고 집으로 가

▲길들여진 사람은 자신의 진짜 모습을 모른 채 살게 된다.

(바)수일이와 덕실이는 가짜에게 받은 빵을 먹고 쥐로 변했다. 빵에 가짜의 손톱이 든 탓이었다. 둘은 들고양이 방울이를 만나 제 모습을 되찾은 뒤, 자신들이 겪은 일을 털어놓았다. 방울이는 수일이네 가족이 가짜에게 길들여졌다며, 길들인다는 뜻은 자기 마음에 들도록 남을 다듬어 고치는 일이라고 말했다. 또 남을 길들이거나 남에게 길들여지는 일 모두 나쁘다고 했다. 방울이는 사람에게 버림을 받은 뒤 자기 모습을 되찾았다며, 수일이에게도 진짜 모습을 잃지 말라고 충고했다. 수일이는 가짜를 이길 수 있다고 마음먹고, 덕실이와 방울이랑 함께 집으로 갔다. (187~217쪽)

생각이 쏙쏙

1 (가)에서 수일이는 왜 가짜 수일이가 있었으면 좋겠다고 생각했는지 말해 보세요. 그리고 나는 언제 가짜 내가 있으면 좋겠다고 생각하나요?

▲게임 속 세상에서는 내가 원하는 대로 행동할 수 있다.

2 나는 어떤 상황에서 스스로를 잃어버리는지 점검하세요.

☞수일이는 게임과 놀이에 빠져 자신을 잃어버렸습니다.

상황	이유
남들이 쇠고기를 먹는 모습을 봤을 때다.	체중이 많이 나가 다이어트를 하는데, 고기를 무척 좋아해서 유혹을 이기지 못했다.

머리에 쏙쏙

현실의 나를 잃게 하는 '리셋 증후군'

리셋이란 컴퓨터를 실행하다가 프로그램에 문제가 생겼을때 전원을 껐다 켜서 초기화한다는 의미입니다.

그런데 현실에서도 컴퓨터처럼 리셋 버튼만 누르면 처음부터 다시 시작할 수 있다고 착각하는 사람들이 적지 않습니다. 이러한 현상을 리셋 증후군이라고 합니다. 사람들이 조금만 어려운 문제가 생겨도 회피하고, 다시 시작하려는 경향을 보이는 것이죠.

요즘에는 리셋 증후군을 앓는 학생이 늘어나고 있습니다. 게임에 빠져 지내다 보니 현실 감각이 떨어져서 현실의 자신을 잃고 마음대로 하고 싶은 욕망이 커지는 것이죠. 게임 속에서 힘이 있고 유능한 자신과 현실 세상에서는 무기력한 자신 사이에서 좌절감을 느끼기 때문입니다.

현실은 게임과 다릅니다. 그래서 새롭게 시작하려면 자신의 힘으로 문제를 해결하려는 노력이 필요하지요. 어려운 일이 있어도 누군가 대신 해결해 주기를 바라거나 회피하지 말고 도전해서 개척하려는 자세가 필요합니다. 그래야 자기 삶의 진짜 주인이 되어 가치 있게 살 수 있답니다.

> 생각이 쑤욱

3 가짜 나에게 계속 내가 할 일을 대신 시킬 경우, 어른이 되면 어떤 문제가 생길지 추측해 보세요.

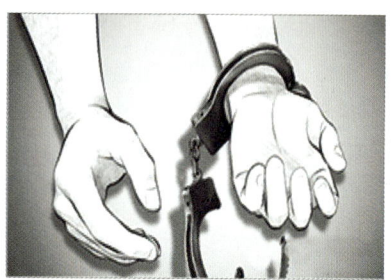

▲자신의 욕망대로 가짜를 계속 부릴 경우 문제 해결 능력이 떨어져 자기 발전이 없게 된다. 결국 범죄를 저지르거나 공동체의 이익을 해칠 수 있다.

4 수일이가 가짜 수일이를 부리는 유혹에서 벗어나 자기 삶의 주인이 될 수 있는 방법을 아는 대로 들어 보세요.

▲자기 일을 가짜에게 빼앗긴 수일이는, 오히려 자신이 가짜가 된 듯한 느낌이 들었다.

머리에 쏘옥

자기 주도력을 기르는 방법

 자기 주도력이란 스스로 자기 삶의 주인이 되어서 목표한 대로 이끄는 힘을 말합니다. 자신의 의지대로 행동하고 책임을 지며, 스스로 다짐한 바를 성실히 수행할 수 있게 하지요.

 자기 주도력이 강할수록 도전 정신이 강하고, 적극적입니다. 그래서 앞에 놓인 어려운 문제를 회피하거나 포기하지 않고 이겨 나가는 특징이 있습니다. 이에 비해 자기 주도력이 약할수록 남에게 의존적이고 수동적이며, 모든 일에 부정적입니다. 눈앞에 닥친 문제를 회피하고 책임을 떠넘기기에 급급하며, 스스로 자신을 통제하는 힘도 약합니다.

 자기 주도력을 키우려면 자신이 어떤 사람인지부터 알아야 합니다. 장단점은 물론 잘하는 점과 잘못하는 점을 파악해야 합니다. 부족한 것을 채우려는 목표 의식도 가져야 합니다.

 부모님이나 어른들이 정해 주는 대로만 하지 말고, 자신의 일을 스스로 선택하고 결정할 수 있는 힘도 기릅니다.

생각이 쑤욱

5 왜 길들여진 집고양이는 가짜 수일이를 내쫓지 못하고, 길고양이인 방울이만 내쫓을 수 있는지 추측해 보세요.

▲길들여진다는 의미는 원래 지닌 소중한 가치나 능력을 잃는다는 의미다. 쥐를 쫓아내려면 주인이 주는 사료를 먹고 사는 고양이가 아니라 쥐를 잡아먹고 사는 본성이 있어야 한다.

6 수일이와 덕실이, 방울이가 함께 수일이네 집으로 돌아간 뒤 어떻게 될지 뒷이야기를 지으세요.

머리에 쏘옥

가짜 수일이는 자기 할 일 회피하는 '제2의 나'

수일이는 엄마가 하라는 대로 시간을 보내면서 자신감도 없고 자기 주관도 없는 아이로 자랍니다. 그래서 학원에 다니고 공부해야 하는 이유도 모른 채, 당장 즐거운 놀이만 하고 싶어 합니다.

수일이는 자기 욕망을 채우기 위해 가짜 수일이를 만듭니다. 그 뒤 자기 발전에 필요한 일이지만, 귀찮은 일을 모두 떠넘기고 가짜 뒤로 숨어 버립니다.

처음엔 여름 방학이 끝나기 전까지 학원에 다녀 달라고 하더니, 공부와 숙제까지 떠넘기게 되지요. 그러면서 자신은 점점 더 남의 눈을 피해 다니는 가짜가 되어 가고, 스스로도 가짜가 된 것 같다는 착각을 하게 됩니다. 결국 자기 자리를 가짜에게 점령 당해 쫓겨나는 신세가 되지요.

가짜 수일이는 자신이 꼭 해야 할 일을 회피하거나 남에게 미루는 또 다른 나의 모습입니다. 실수를 인정하지 않고 변명만 일삼는 사람들의 어두운 모습이기도 하지요.

이런 상황이 계속되면 자신의 소중한 진짜 모습을 잃고, 아무 가치도 없는 허깨비의 모습으로 세상을 살게 됩니다.

생각이 쑤욱

7 아래 제시한 글에서 서 첨지가 자신의 모습을 뺏긴 이유를 대고, 어떤 반성을 통해 잃어버린 자기 모습을 되찾아 진정한 삶의 주인이 될 수 있었는지 말해 보세요.

☞ 아래 글은 '쥐 둔갑 타령'의 일부입니다. 경남 거창군에 전해지는 타령조 민요인데, 사람으로 둔갑해 주인 행세를 하는 쥐를 물리친다는 내용입니다.

▲서 첨지는 배를 곯은 쥐가 불쌍해 손톱을 먹이로 주었다.

옛날에 집안을 책임져야 하지만 그 책임에서 벗어나 자유롭게 살고 싶은 서 첨지 영감이 살았다. 그는 늘 깎은 손발톱을 쥐에게 먹이로 던져 주었다. 어느 날 서 첨지가 감투와 겉옷을 벗어 둔 채 뒷간에 다녀왔다. 그런데 쥐가 자신과 똑같이 변해 감투를 쓰고 옷을 입은 채 주인 행세를 했다. 가족들이 진짜를 가리려고 집안에 있는 재물의 수를 물었다. 서 첨지는 집안 살림에 관심이 없었지만, 쥐는 부지런히 집을 쏘다녔기 때문에 대답을 잘했다. 서 첨지는 오랫동안 집에서 쫓겨나 방황하다 스님의 충고대로 고양이를 데리고 집으로 돌아갔다. 고양이는 가짜의 목덜미를 물어 쥐로 변하게 만들었고, 서 첨지는 자기 자리를 되찾게 되었다.

머리에 쏘옥

'쥐 둔갑 타령'이 주는 교훈

'쥐 둔갑 타령'은 옛날부터 입으로 전해지는 민요입니다.

서 첨지는 집안의 가장이었기 때문에 머리에 감투를 쓴 채 위엄을 세우며 집안을 이끌어야 하는 책임이 있었지요. 하지만 서 첨지는 자신의 책임을 버리고 자유롭게 살고 싶었어요. 그래서 집안을 제대로 보살피지 않고 건성건성 살았지요.

그러다가 어느 날 감투와 겉옷을 벗어 둔 채 뒷간에 갔습니다. 그 사이 쥐가 가짜 서 첨지로 둔갑해 주인 자리를 빼앗아 버렸지요. 가짜로 몰린 서 첨지는 자신이 진짜라고 주장했어요. 하지만 평소 집안의 경제 사정을 제대로 챙기지 않아 가짜라는 누명을 벗지 못하고 집에서 쫓겨났습니다.

서 첨지는 몇 년간이나 방황하며 사는 동안 자신의 잘못을 크게 뉘우칩니다. 다른 내가 되고 싶어 하면서 자신의 할 일을 하지 않았기 때문임을 깨달은 것이지요.

서 첨지는 모진 고생 끝에 스님을 만나 가짜를 쫓아낼 방법을 알아서 성공합니다. 그 뒤 서 첨지는 다른 나에 대한 욕망을 다스리면서 현실에 충실하게 삽니다.

8 현대의 풍요로운 삶은 과거 조상들의 도전과 개척 정신 덕분입니다. 현실에 안주하지 않고 삶을 개척해 사람들에게 도움을 준 위인을 한 명만 소개하고, 자신이 배울 점을 논술하세요(400~500자).

> 인류가 현재 풍요로운 삶을 누리는 까닭은 과거 위인들이 현실에 안주하지 않고 도전한 덕분이다. 미국의 라이트 형제는 목숨을 걸고 도전한 끝에 1903년 동력 비행기를 최초로 발명했다. 이 덕분에 오늘날 사람들이 세계 곳곳을 누비며 살 수 있게 되었다. 미국의 스티브 잡스(1955~2011)처럼 실패를 거듭하면서도 신기술을 만들려고 한 기업가 덕에 사람들은 스마트폰을 사용하면서 편하게 살게 되었다. 우리나라 어린이들의 도전 정신이 사라지고 있다. 부모가 자식들에게 고통을 주지 않으려고 편안한 환경만 만들어 주다 보니 도전의 기회를 빼앗기고 있기 때문이다. 이에 따라 환경을 극복하기 위해 도전하기보다는 의존하고 순응하는 성향이 강해졌다.

▲스티브 잡스는 스마트폰을 만드는 일에 도전해 사람들의 생활을 크게 바꾸어 놓았다.

국내문학

긴긴밤 모험하며
나를 찾아가는 과정 그려

『긴긴밤』
루리 지음, 문학동네 펴냄, 144쪽

줄거리

코끼리 고아원의 코끼리 무리에서 자란 코뿔소 노든과 버려진 알에서 태어난 나(새끼 펭귄)가 주인공이다. 둘은 닮은 점이 하나도 없지만 '우리'가 된다. 그리고 나를 바다로 데려다주기 위해 온갖 모험을 하면서 긴긴밤을 동행한다. 노든에게는 사랑하는 이들의 몫까지 살아야 하는 의무가 있다. 자연에서 살아가는 게 서툰 노든을 '엉뚱하지만 특별한 코뿔소'라고 불러 준 아내와 딸, 악몽을 꾸지 않고 긴긴밤을 견딜 방법을 가르쳐 준 코뿔소 앙가부, 무서운 밤 너머 '내일'을 딛고 서게 해 준 펭귄 치쿠…. 그들이 있었기에 노든은 힘을 낼 수 있었다. 그리고 나는 노든이 배경이 되어 주어 바다를 꿈꿀 수 있었다.

본문 맛보기

자연으로 나와 가족 이루지만 아내와 딸 잃어

▲코뿔소 노든은 코뿔소로 살기 위해 초원으로 나와 가족을 이루지만 인간들에게 아내와 딸을 잃었다.

(가)코끼리 고아원에서 자란 코뿔소 노든은 초원으로 나가 아내를 만나고 딸을 낳았다. 노든은 고아원에서 평화롭게 지내며 코끼리처럼 자랐다. 그런데 코뿔소로 살아야 한다는 코끼리들의 말에 망설이다가 야생 테스트에 합격했다. 하지만 뿔을 노린 인간들에게 아내와 딸을 잃고, 자신도 부상을 당했다. 눈을 뜬 곳은 파라다이스 동물원인데, 거기서 나고 자란 코뿔소 앙가부를 만났다. 노든은 복수하려고 앙가부와 함께 탈출을 시도하지만 실패했다. 그런데 앙가부마저 동물원에 침입한 인간들에게 뿔이 잘려 죽었다. 노든은 마지막 남은 흰바위코뿔소가 되었다. (9~41쪽)

버려진 펭귄 알 가지고 폭격 당한 동물원 탈출

▲펭귄 치쿠는, 동물원에서 버려진 알을 품다가 피투성이가 된 윔보의 품에서 알을 꺼내 노든과 함께 간신히 탈출했다.

(나)복수심에 불타는 노든은 자신을 가둔 철조망을 뭉툭해진 뿔로 들이받았지만 소용없었다. 그런데 그 철조망이 전쟁으로 무너졌다. 노든은 끔찍하게 죽은 동물들을 그대로 지나쳤다. 그러다 알을 담은 양동이를 입에 문 펭귄 치쿠를 만나 함께 탈출했다. 노든은 앞을 가로막은 담장을 뿔로 받아 무너뜨리고 치쿠와 풀숲에 도착했다. 치쿠는 그동안 친구 윔보와 동물원에서 버려진 알을 품었다. 그런데 폭격을 당한 날 윔보는 알을 품은 채 피투성이가 되어 있었다. 치쿠는 품에서 알을 꺼내 탈출했다. 그날 밤 노든과 치쿠는 악몽을 꿀까 봐 잠들지 못했다. (47~60쪽)

이런 뜻이에요
흰바위코뿔소 아프리카에 사는 몸길이 5미터에 몸무게 4톤의 코뿔소. 전체 코뿔소 5종 가운데 덩치가 가장 크다.
뭉툭해진 뿔 마지막 남은 흰바위코뿔소를 보호하기 위해 동물원에서 노든의 뿔을 잘라 내는 바람에 뭉툭해졌다.

본문 맛보기

치쿠가 숨진 뒤 노든이 알 품어 '나'가 태어나

(다)노든과 치쿠는 안전한 곳을 찾아 굶주리며 계속 걸었다. 둘은 티격태격했지만 최고의 길동무였다. 노든이 지쳐 늦잠을 자면, 치쿠는 '우리는 알을 위해서라도 잘 먹어야 한다'며 깨웠다. 노든은 알에 관심이 없었지만 '우리'라고 불리는 것이 좋았다. 치쿠는 아빠가 될 준비를 하며, 바다를 찾아야 한다고 했다. 이제 둘의 목적지는 바다가 되었다. 수척해진 치쿠는 자기에게 무슨 일이 생기면 알을 품어 새끼 펭귄을 바다로 데려다 달라고 노든에게 부탁했다. 치쿠가 알을 품은 채 숨졌다. 긴긴 그날 밤, 노든이 감싸쥔 발 안에서 내가 태어났다. (61~79쪽)

▲노든이 알을 품어 나(새끼 펭귄)가 태어났다. 나는 윔보와 치쿠, 노든을 아버지로 두게 되었다.

인간들이 총 쏘며 다가오자 나를 물고 도망쳐

(라)노든은 바깥세상은 살기보다 죽기가 더 쉽다고 했다. 그리고 내가 끝까지 살아남아야 하는 이유는 치쿠와 윔보의 몫까지 살아야 하기 때문이라고 했다. 노든은 바다에 데려다주면, 너 혼자 가야 한다고 말했다. 내가 혼자 갈 수 있다고 하자, 노든은 치쿠와 윔보가 자랑스러워할 거라며 좋아했다. 노든은 인간들에게 복수할 거라고 말했다. 큰 호수에 도착했다. 나는 두려웠지만 헤엄치는 법을 혼자 배웠다. 거센 비가 내리던 밤, 인간들이 총을 쏘며 다가왔다. 노든은 나를 물고 도망쳤다. 나는 노든에게 죽을 수도 있으니 복수하지 말라고 했다. (80~106쪽)

▲노든은 인간들이 총을 쏘며 다가오자 나를 물고 도망쳤다. 우리는 긴긴밤을 다시 살아남았다.

자기 바다 찾은 노든이 나의 바다로 떠나보내

▲자기의 바다인 초원을 찾은 노든은 바다를 찾아 떠나는 나의 뒷모습을 바라봐 주었다.

(마)사막을 건너는 동안 지친 노든이 일어나지 못했다. 그때 인간들이 다가왔다. 나는 노든을 지키기 위해 똥을 뿌리는 것 말고는 할 수 있는 일이 없었다. 나는 바위 뒤로 숨었는데, 노든은 어서 도망가라고 했다. 인간들이 노든을 트럭에 실었고, 나도 트럭으로 숨어들었다. 도착한 곳은 초원이었다. 하얀 옷을 입은 인간들은 노든을 살핀 뒤 사라졌다. 노든은 좋은 인간들이니 걱정 말라고 했다. 나는 함께 도망치자고 권했다. 노든은 여기 초원이 자기의 바다라며 남겠다고 말했다. 노든은 코뿔소로 남아 함께 살겠다는 나에게, 펭귄의 바다를 찾아가라고 했다. (107~121쪽)

빛나는 무엇인가 찾으려고 다시 모험 준비

▲나는 마침내 바다에 도착해 빛나는 무엇인가를 찾기 위해 새로운 모험을 준비했다.

(바)바다에 왔다. 노든이 지켜보던 그 모습 그대로 달려 모래언덕을 찾았다. 모래언덕 너머 절벽을 오르며 수백 번은 미끄러졌다. 그리고 꼭대기에 올라 거대한 바다를 보았다. 남편과 딸을 지키기 위해 뿔을 노리는 인간들과 목숨을 걸고 맞서다 죽은 노든의 아내, 아직 살아 있는 웜보를 뒤로하고 알을 꺼내 탈출한 치쿠, 코끼리들과 작별하던 노든의 심정을 이해할 수 있을 것 같았다. 두려웠다. 하지만 내가 바닷물로 뛰어들어 모험을 떠나고, 홀로 수많은 긴긴밤을 견뎌 내리라는 점을 잘 알고 있다. 그리고 빛나는 무엇인가를 찾을 것이다. (122~139쪽)

생각이 쑤욱

1 이 책의 제목인 '긴긴밤'의 의미를 생각해 보세요.

▲긴긴밤은 고통의 시간이지만, 위로를 통해 자기를 치유하고 회복하는 시간이기도 하다.

2 (가)에서 내가 노든이라면 코끼리 고아원에서 코끼리로 안전하게 살지, 초원으로 나가 코뿔소의 모습을 찾아서 살지 말해 보세요.

▲코뿔소가 코끼리 고아원에서 코끼리 무리와 살면 코뿔소답게 살 수 없다.

머리에 쏘옥

긴긴밤의 의미

긴긴밤은 바깥세상의 밤입니다. 바깥세상에는 노든에게 일어난 것처럼 생명을 걸고 마주해야 하는 위험이 곳곳에 도사리고 있습니다.

하지만 도전과 모험이 있고, 바람보다 빨리 달려 이룰 수 있는 반짝이는 성취가 있습니다. 그래서 도전에 나선 존재들에게는 두렵고 고통스러운 시간이지만, 내일을 준비하는 위로와 치유의 시간이기도 합니다. 각자 자기의 길을 찾아가는 존재들이 서로 의지하면서 '우리'가 되는 시간이기도 하지요.

주어진 대로만 살면 긴긴밤을 지새울 이유가 없습니다. 누구도 자기 의지로 태어나지는 않습니다. 그럼 그 많은 존재 가운데 자기가 누구인지 어떻게 구분할 수 있을까요. 여기서 자기 의지와 선택이 필요합니다.

노든이 코끼리 무리에서 코끼리로 살았다면 안전하게 지낼 수는 있었을 것입니다. 하지만 정체성을 잃고 자신의 바다인 초원을 만날 수 없을 것입니다. 새끼 펭귄이 자신의 바다를 찾을 수 있도록 돕는 아버지(배경)가 되어 주지도 못하겠지요.

> 생각이 쑥욱

3 (다)에서, 노든과 치쿠가 '우리'가 되어 버려진 펭귄 알을 돌보듯, 우리 사회에서 발휘되는 공동체 정신의 사례를 아는 대로 들어 보세요.

▲공동체 정신은 대가 없이 구성원을 돕는 연대 행위를 낳는다.

4 (라)에서, 노든은 아내와 딸을 해친 인간들에게 똑같이 복수하겠다고 합니다. 그럼 생명을 잃을 수도 있지요. 새끼 펭귄의 입장에서 노든을 어떻게 설득하겠습니까?

▲노든이 복수를 위해 자기 목숨을 내놓으면, 자신의 배경이 되어 준 다른 존재들에게 진 빚을 갚지 못하게 된다.

머리에 쏘옥

살아남는 것이 복수

노든은 새끼 펭귄(나)을 바다에 데려다준 뒤 복수를 하려고 합니다. 뿔을 얻기 위해 아무렇지도 않게 아내와 딸을 해친 인간들에게 똑같이 폭력적인 방법으로 앙갚음을 하려는 것이지요.

노든이 인간들에게 복수를 하려면 생명을 내놓아야 합니다. 노든이 복수심에 불타 허무하게 죽으면 오늘의 노든이 있게 만들어 준 고마운 존재들의 노력은 헛수고가 됩니다. 자신의 정체성을 찾도록 격려해 준 코끼리 무리, 가족을 지키기 위해 목숨을 바친 아내, 긴긴밤을 견딜 수 있는 방법을 가르쳐 준 코뿔소 앙가부 등 말이지요.

노든은 또 자신의 바다를 찾지도 못하고 코뿔소답게 반짝이는 삶을 성취하지도 못합니다. 그리고 새끼 펭귄 외에 다른 존재의 배경이 되어 주지도 못하지요. 복수는 또 다른 복수를 낳게 됩니다.

따라서 노든은 마지막 남은 코뿔소로서 끝까지 살아남는 것이 더 크게 복수하는 길입니다.

생각이 쑤욱

5 (마)에서, 노든이 코뿔소로 남아 초원에서 자기와 함께 살겠다는 나에게 펭귄의 바다를 찾아가라고 한 까닭을 추측해 보세요.

▲나는 바다에 있을 때 펭귄의 정체성을 찾을 수 있고, 바람보다 빨리 헤엄칠 수 있으며, 반짝이는 것을 성취할 수 있다.

머리에 쏘옥

바다의 의미

사람이든 동물이든 모두 자기만의 바다를 가지고 있습니다. 여기서 바다란 자신이 가장 자기다운 삶을 살 수 있는 공간입니다. 삶에서 도달하려는 최종 목표이기도 하지요.

코뿔소인 노든의 바다는 초원입니다. 코뿔소는 초원에 있어야 바람보다 빨리 달릴 수 있고, 코뿔소답게 살 수 있지요.

하지만 초원의 펭귄은 자기를 찾을 수 없고, 능력을 발휘할 수도 없습니다. 누군가의 배경(아버지)이 될 수도 없지요.

펭귄에게 가장 어울리는 곳은 바다입니다. 바다에 가서 펭귄 공동체의 구성원이 되어야 자기 정체성을 찾을 수 있습니다. 그리고 자기 능력을 발휘해 바람보다 빨리 헤엄칠 수 있고, 빛나는 무엇인가를 성취할 수 있습니다.

생각이 쑥쑥

6 (바)를 참고해, 자신의 바다에 도달해 성취하는 삶을 살려면 어떤 태도를 가져야 하는지 밝혀 보세요.

☞ 성취 동기란 자신이 속한 문화에서 가치가 있는 목표를 더 높은 수준에서 이루고 싶은 의욕입니다.

▲ '퍼스트 펭귄'은 펭귄 무리 가운데 용기를 내어 가장 먼저 바다로 뛰어드는 펭귄을 말한다. 퍼스트 펭귄이 없으면 펭귄들은 천적이 두려워 바다로 향하지 못한다.

머리에 쏘옥

자신의 바다에서 성취하는 삶의 태도

성취 동기란 자신이 속한 문화에서 가치가 있는 목표를 더 높은 수준에서 이루고 싶은 의욕을 말합니다. 이러한 의욕은 목표에 집중하게 하고 노력하게 만듭니다. 그리고 실패의 두려움을 극복하게 해서 성공에 대한 자신감을 높입니다.

자신의 바다에서 성취하는 삶을 살려면 새끼 펭귄처럼 목표를 굳게 세워야 합니다. 그 목표는 자신의 이익뿐만 아니라 공동체의 이익에도 기여해야 하지요. 그래야 자기를 있게 해 준 아버지들에 대한 신세를 갚을 수 있고, 자기가 배경 역할을 하는 대상에 대한 배려가 될 수 있지요.

목표를 세웠으면 절벽을 오르다 수백 번도 넘게 미끄러진 새끼 펭귄처럼 도전을 멈추지 말아야 합니다. 그리고 '퍼스트 펭귄'이 되어 모험의 바다로 풍덩 뛰어들어 홀로 수많은 긴긴밤을 견뎌 내야 합니다. 한 분야에서 성공하려면 1만 시간의 노력이 필요하다고 합니다.

이미 나 있는 길로만 간다면 크게 실패하지는 않겠지만, 성취감을 느끼지도 못합니다. 그리고 빛나는 무엇인가를 찾을 수도 없습니다.

생각이 쑤욱

7 나는 오늘 하루 어떤 사람들에게 어떤 도움을 받으며 생활했는지 생각해 보고, 그들에게 어떻게 신세를 갚을지 이야기해 보세요(400~500자).

> 사람은 혼자서는 살 수 없다. 서로 신세를 지고 도우면서 산다. 부모님의 은혜를 입어 태어나고, 스승님의 가르침으로 배운다. 그리고 이웃과 사회, 국가의 도움과 보호도 받는다. 서로 관련이 없는 것 같지만 누군가가 만든 도로, 차, 가구, 물건, 집, 의복, 음식, 교육, 문화 등을 소비하지 않으면 생활하기 어렵다. 따라서 항상 감사하며 빚을 갚는다는 자세로 자신이 가장 잘할 수 있는 일을 찾아 최선을 다해 살아야 한다. 나눔과 봉사도 실천한다. 그리고 못 다한 일은 다음 세대의 몫으로 남기면 된다.

▲사람은 혼자 힘으로 살 수 없기 때문에, 누군가의 도움을 받으며 산다.

〈신문 기사 참조〉

국내문학

반성할 줄 알고
용기 있어야 좋은 글 써

『빨강 연필』

신수현 지음, 비룡소 펴냄, 208쪽

줄거리

민호는 부모님이 별거하는 바람에 엄마와 둘이 산다. 민호는 글재주도 없고 글짓기도 싫어한다. 그런데 책상 위에서 빨강 연필을 발견한다. 그 연필을 들면 저절로 멋진 글이 쓰여서 상도 받고 인기도 끈다. 하지만 연필이 자기 뜻과 상관없이, 과거에 바라던 일들을 사실인 것처럼 쓰자 두려워진다. 민호는 재규가 백일장에서 자기를 떨어뜨리려고 빨강 연필을 훔쳐가자 심하게 다툰다. 그런 뒤 백일장에서 거짓말하는 자신이 싫다고 솔직하게 쓴다. 백일장이 끝난 뒤 민호는 빨강 연필과 그 연필로 쓴 글을 불태운다. 민호는 스스로 쓴 글로 백일장의 심사위원에게 칭찬을 받는다. 그 뒤 자신이 꾸며서 썼던 것들을 현실로 이뤄지게 만든다.

비밀 일기장에는 자신의 솔직한 생각 적어

▲민호는 수아의 유리 천사 인형을 깨고 몰래 숨긴 사실을 비밀 일기에 적었다.

(가)민호는 부모님이 별거 중이어서 엄마와 둘이 산다. 민호는 보통의 아이들처럼 글짓기를 싫어한다. 민호의 일기장은 두 개다. 학교에 내는 일기장에는 엄마나 선생님 등 다른 사람이 봐도 괜찮은 밝은 이야기만 골라 적는다. 예전에 부모님이 다툰 이야기를 썼다가 엄마에게 크게 혼난 적이 있기 때문이다. 다른 하나는 비밀 일기장인데, 여기에는 자기 생각을 다 적고 욕도 한다. 민호는 어느 날 학교에서 같은 반 친구 수아가 아끼는 유리 천사 인형을 실수로 깬 뒤 숨겼다. 그리고 들킬까 봐 두려운 마음과 자신이 싫어지는 마음을 비밀 일기장에 썼다. (18~22쪽)

알아서 멋진 글 써 주는 빨강 연필 갖게 되어

▲빨강 연필을 들면 저절로 멋진 글이 써졌다.

(나)선생님은 '도둑질은 왜 나쁜가'를 주제로 글을 쓰도록 했다. 민호는 자기 책상에 놓여 있던 주인 없는 빨강 연필을 들었다. 그러자 연필이 종이 위를 미끄러지듯 금세 글을 완성했다. 민호는 선생님께 글쓰기로 처음 칭찬을 받았다. 민호는 빨강 연필로 글쓰기 숙제도 했다. 연필은 민호가 아무 생각을 하지 않아도 알아서 글을 써 내려갔다. 민호는 자기가 보물을 가졌다고 생각하니 기뻤다. 민호는 글짓기로 계속 칭찬을 듣자 반에서 능력도 있고 인기도 있는 아이가 되었다. 하지만 비밀 일기만큼은 빨강 연필을 사용하지 않았다. (24~32쪽)

본문 맛보기

빨강 연필이 거짓 내용 담긴 글 쓰자 두려워져

(다)민호는 학교 백일장에서 상을 휩쓸었다. 엄마는 민호가 상을 탔다고 주변에 자랑했다. 민호는 따로 사는 아빠에게 상을 받았다고 문자를 보냈지만 답이 없었다. 빨강 연필은 '우리 집'을 주제로 낸 글짓기에서 아빠와 야구를 하고, 엄마가 만든 쿠키를 먹었다고 거짓말을 적었다. 민

▲빨강 연필은 민호가 하지도 않은 거짓 내용을 마음대로 썼다.

호가 간절히 바랐지만 해 본 적이 없는 일이었다. 놀라서 내용을 지우려고 했는데 소용이 없었다. 글짓기 내용이 사실이냐는 아이들의 질문에 사실이라고 거짓말했지만 들킬까 봐 겁이 났다. 글짓기를 잘하는 재규가 툭하면 민호에게 시비를 걸고 괴롭혔다. (42~52쪽)

거짓말 괴로워 빨강 연필 망가뜨렸지만 다시 나타나

(라)교실 뒤에 붙은 '우리 집'을 주제로 쓴 글을 보고 엄마의 표정이 굳어졌다. 엄마에게 사실대로 말하고 싶었지만 실망할까 봐 두려웠다. 민호는 자신을 거짓말쟁이로 만드는 연필을 망가뜨리려고 칼로 잘라 버렸다. 그러나 몸통만 망가질 뿐 심은 멀쩡했다. 재규 패거리가 시비를 걸어

▲민호는 빨강 연필의 비밀을 털어놓고 싶지만 그럴 수 없어 괴로웠다.

왔다. 민호는 백일장에서 상을 받아 자기를 업신여기지 못하게 하고 싶었다. 연필을 망가뜨린 일을 후회하는데, 빨강 연필이 필통에서 마법처럼 멀쩡한 모습을 드러냈다. 민호는 빨강 연필로 글을 써서 백일장 본선에 올랐다. 하지만 비밀을 털어놓지 못해 괴로웠다. (84~92쪽)

인기를 끌었지만 '양치기 소년' 같아 고통스러워

▲민호는 자꾸 거짓말을 하는 자신이 '양치기 소년' 같아서 괴로웠다.

(마)민호는 자신이 '양치기 소년' 같다고 느꼈다. 전국 백일장이 열리는 날, 재규가 연필을 훔쳐간 사실을 알았다. 민호는 연필을 돌려 달라며 재규와 주먹다짐을 했다. 재규는 민호에게 글을 잘 쓴다면 연필이 무슨 상관이냐고 따졌다. 민호는 대회장에서 백일장의 주제인 '행복' 대신 '고통'을 주제로 글을 썼다. 민호는 거짓말을 쓴 자신이 인기를 끌어서 고통스럽다고 적었다. 자기를 멋지게 보이면 인기를 끌 것 같아 사람들이 좋아할 내용만 썼는데, 시간이 갈수록 진실을 밝히기가 어려웠다고 했다. 민호는 백일장에서 상을 타지 못했다. (100~114쪽)

연필 불태우고 자기 힘으로 원하던 것 이뤄

▲민호는 빨강 연필로 쓴 글과 빨강 연필을 함께 불에 태우고 후련한 기분이 들었다.

(바)민호는 교실 뒤편에 걸린 '우리 집'이란 글을 떼어 냈다. 재규가 뒷산에 버렸다고 한 빨강 연필도 찾아냈다. 그리고 그 글과 연필을 불에 던졌다. 얼마 뒤 백일장의 심사위원에게서 자신의 글쓰기 교실에 들어오라고 연락이 왔다. 민호의 글에서, 자신을 돌아볼 줄 알고 글을 쓸 용기도 있는 것을 발견했다고 했다. 민호는 수아에게 자신이 실수로 인형을 깨고 숨겼다며 사과했다. 엄마가 만든 쿠키도 맛있게 먹었다. 서먹하던 아빠에게도 먼저 전화했다. 빨강 연필은 효주에게 다시 나타났다. 효주는 가난해서 선생님에게 무시를 당한다고 생각한다. (125~135쪽)

> 생각이 쑤욱

1 민호가 나중에 빨강 연필을 버리고 자신의 글을 쓸 수 있었던 까닭을, 비밀 일기와 관련지어 추측해 보세요.

▲민호는 비밀 일기에는 진심을 적었다.

2 이 책에서 빨강 연필은 무엇을 상징하나요?

▲'알라딘과 요술 램프'에 나오는 램프의 요정 지니는, 주인공의 어려움을 해결해 준다.

> 머리에 쏘옥

빨강 연필은 어떤 의미일까

　빨강 연필은 민호가 가진 욕구를 상징하는 역할을 합니다. 그리고 행복과 고통을 함께 주지요.
　연필이 민호 대신 쓴 글은, 민호를 능력 있는 아이로 만듭니다. 과거에 민호를 무시하던 친구들도 민호와 서로 어울리려고 하지요. 엄마도 민호가 글짓기를 잘해 상을 타자 자랑스러워합니다.
　하지만 그럴수록 민호의 고민은 깊어집니다. 빨강 연필이 쓴 글은 모두 거짓 내용이기 때문이죠. 게다가 거짓말을 숨기기 위해 더 큰 거짓말을 하게 만듭니다. 또, 다른 사람들에게 실망을 줄까 봐 진실을 털어놓지 못하기 때문에 더욱 고통을 당하게 되지요.

생각이 쑥쑥

3 작가들이 속마음을 드러내지 않거나 진실을 감춘 채 겉보기에 좋고 밝은 주제로만 글을 지으면 어떤 일이 생길지 추측해 보세요.

▲문학 작품은 개인의 속마음과 경험을 꾸미지 않은 채 그려 내야 독자의 공감을 얻고, 사람들의 갈등을 풀어내는 데 도움이 된다.

4 아래 글을 읽고, 학생들의 글짓기 능력을 향상시키려면 일기 검사를 해야 한다는 교사들의 주장에 대해 찬반 의견 가운데 하나를 골라 내 생각을 말해 보세요.

▲초등학생의 절반 이상은 일기 검사를 부담스럽게 생각한다.

초등학생 10명 가운데 6명은 학교에서 하는 일기 검사를 찬성하지 않는다고 대답했다. 한 신문사가 최근 4~6학년 341명에게 물어본 결과다. 다른 사람이 일기를 볼까 봐 솔직하지 않은 내용을 쓴 적이 있느냐는 질문에는 절반이 그렇다고 대답했다. 이에 대해 교사들은 학생들의 생활 지도와 글짓기 능력을 향상시키려면 일기 검사가 필요하다고 밝혔다.

<신문 기사 참조>

머리에 쏙옥

문학의 역할

문학은 독자에게 현실을 대신 체험하게 해 줍니다. 문학 작품을 읽으면서 등장인물이 잘못을 저지르고 괴로워하거나, 실수한 뒤 고통을 겪는 과정을 함께하며 공감하지요.

등장인물이 무엇을 잘못했는지를 찾으며, 자기 생활에서 같은 잘못을 저지르지는 않았는지도 반성할 수 있지요. 주인공이 문제를 해결하는 과정을 보며, 자기 문제를 푸는 실마리를 얻을 수도 있습니다. 등장인물을 괴롭히는 사회 문제를 발견하고, 현실에서 해결해야겠다고 마음을 먹기도 합니다.

작가들이 개인의 고통이나 사회 문제를 외면한 채 아름다운 이야기만 쓰면, 독자가 작품을 읽는 과정에서 자신을 반성하고 발전할 기회를 놓칩니다. 또 사회 문제도 해결되지 않겠지요.

생각이 쏙

5 전국 백일장 심사위원의 말을 참고해서, 좋은 글을 쓰려면 어떤 태도가 필요한지 예를 들어 말해 보세요.

▲좋은 글은 자신을 돌아볼 줄 알고, 용기가 있어야 쓸 수 있다.

머리에 쏘옥

일기 검사의 장단점

학교에서 일기를 검사하면, 학생들이 쓴 글을 선생님이 읽고 글짓기를 지도할 수 있습니다. 학생 개인이나 학급에 어려운 일이 있을 경우, 교사가 일기를 통해 알 수 있지요. 선생님이 일기에 조언을 남기면, 학생이 생활 태도를 바로잡거나 학급 문제 해결에 도움이 됩니다.

하지만 사생활이 드러나서 학생의 인권 침해로 이어질 수 있습니다. 비밀이 선생님에게 알려지기 때문이지요. 누군가에게 검사를 받기 위해 일기를 쓰면 읽는 사람을 의식해 솔직하게 쓰지 못할 수 있습니다. 또 민호처럼 자기 잘못이나 가정 문제 등 남에게 알리고 싶지 않은 일은 빼고 쓰게 되지요.

좋은 글을 쓰는 태도

좋은 글을 쓰려면 자신의 감정과 생각을 솔직하게 털어놓는 용기가 필요합니다. 글쓴이의 경험과 개성이 담긴 글은 독자의 마음을 움직이는 가장 큰 힘이 되지요. 겪은 일을 통해 얻은 깨달음이나 반성이 들어가면 더 큰 공감을 일으킬 수 있습니다. 가짜 경험을 쓰거나 뽐내는 투의 글, 어려운 말을 늘어놓은 글은 독자에게 외면을 당합니다.

생각이 쑤욱

6 빨강 연필을 얻은 효주에게 어떤 변화가 일어날지 뒷이야기를 지어 보세요.

☞ 민호는 글짓기를 잘하고 싶으며, 부모님과 친하게 지내고 싶은 욕구가 강했는데, 결국 자신의 노력으로 모두 이루었습니다.

▲효주는 가난한 현실이 싫어서 다른 곳으로 떠나고 싶다는 생각을 했다.

효주는 가난하기 때문에 준비물을 챙기지 못해 항상 남아서 반성문을 씁니다. 자존심을 지키려고, 선생님에게 준비물을 살 돈이 없다고 말하지 않았기 때문이지요. 교실에 남은 효주는 책상 위에 놓인 빨강 연필을 발견합니다. 효주는 자신의 현실이 싫어서 문득 새롭고 낯선 곳으로 떠나고 싶다고 생각합니다.

머리에 쏘옥

뒷이야기를 짓는 방법

이야기의 끝 부분을 완결하지 않고 끝내는 문학 작품도 있습니다. 독자에게 스스로 결말을 상상하게 해서 작품 효과를 높이려는 것이지요.

뒷이야기를 지으려면 작품 내용을 충분히 이해해야 합니다. 그러지 않으면 줄거리의 방향이 달라져 작가의 원래 의도에서 벗어날 수 있기 때문이지요.

이 책의 뒷이야기를 지을 때는 빨강 연필의 의미를 잘 알아야 합니다. 빨강 연필은 숨겨진 사람의 욕구를 글에 그대로 드러나게 합니다. 연필을 가진 사람을 능력 있게 만들어 주변의 부러움을 사도록 하지요.

효주는 가난하기 때문에 갖지 못하거나 하지 못한 일이 너무 많습니다. 예를 들면 준비물도 아주 비싼 것으로 많이 가지고 싶을 것입니다. 가족들과 놀이공원도 가고 싶으며, 가보지 못한 외국도 가고 싶을 것입니다. 생일 파티에 친구들도 초대하고 싶겠지요.

7 이 책에 나온 대로 좋은 글을 쓰는 데 필요한 태도를 본받아, '행복'을 주제로 글짓기를 해 보세요(400~500자).

우리나라 어린이들의 행복도가 세계 최하위권이라는 조사 결과가 나왔다. 다른 나라와 비교할 때 우리나라 어린이는 자신에 대한 만족감이 낮고, 시간을 자율적으로 쓰지 못해 덜 행복하다고 느끼는 것으로 나타났다. 국제 구호 단체인 세이브더칠드런이 2019년에 우리나라와 독일, 노르웨이, 프랑스 등 22개국의 만 10세 어린이들을 대상으로 행복도를 비교한 결과 우리나라는 19위였다. 조사에 따르면, 우리나라 어린이는 자신에 대한 만족도가 22개국 가운데 20위, 시간 사용에 대한 만족도는 꼴찌였다. 어린이의 행복에 영향을 미치는 가장 큰 요소는 자신과의 관계와 시간 사용에 대한 만족 수준이었다.

▲우리나라 초등학생들은 공부 경쟁 때문에 주말에도 학원에 가느라 바쁘다.

세계
문학

꿈을 이루기 위한 돈 관리법을 배우다

『열두 살에 부자가 된 키라』
보도 섀퍼 지음, 을파소 펴냄, 256쪽

줄거리

키라의 집은 부모님이 빚을 지는 바람에 가난하다. 키라는 어느 날 상처를 입고 쓰러진 개를 구한 뒤 '머니'라는 이름도 지어 주고 정성껏 돌본다. 그런데 머니는 자신이 돈을 잘 관리하고 말도 할 줄 안다며 키라를 돕겠다고 나선다. 키라는 머니에게 돈을 관리하는 방법을 배우고 부자가 되는 꿈을 이루기 위해 목표를 정해서 실천한다. 키라는 사촌 마르셀에게 자신이 좋아하는 일을 하면서 돈도 버는 방법을 배우고, 트룸프 할머니와 머니의 원래 주인 골트슈테른 아저씨에게는 저축하고 투자하는 방법도 배운다.

말할 줄 아는 개 '머니' 구해 주고 돈 관리법 배워

▲머니가 키라에게 자신은 말을 할 줄 아는 개라고 밝히고 있다.

(가)집 앞에 상처를 입고 쓰러진 머니가 우리 집에 온 지 1년이 된 어느 일요일이었다. 나(키라)는 산책을 나갔다가 머니를 구했다. 머니는 자신이 말을 할 줄 안다며, 목숨을 구해 주었으니 나를 돕고 싶다고 밝혔다. 그러면서 집을 사느라 빚을 져서 힘든 부모님 때문에 내가 슬퍼한다는 사실을 아니까 돈 이야기를 하자고 했다. 나는 돈을 배우기에는 아직 어리다고 말했다. 하지만 머니는 나의 부모님이 내 나이 때 돈을 관리하는 방법을 제대로 배우지 못해 지금 어려운 상황을 맞게 되었다고 충고했다. 그리고 부자가 되고 싶은 이유를 적은 소원 목록을 만들어 달라고 했다. (14~22쪽)

소원 이루려면 성공한 자기 모습 매일 상상해야

▲키라가 자신의 소원 목록을 머니에게 말하고 있다.

(나)머니는 소원을 이루려면 자신의 소원이 담긴 소원 앨범을 만든 뒤, 앨범의 그림들을 매일 보며 상상하라고 말했다. 미국에 교환 학생으로 간 내 모습과 컴퓨터를 가진 내 모습, 빚 문제가 해결되어 뿌듯해하시는 아빠의 모습 등이었다. 그리고 시도해 보기 전까지는 미리 판단하지 말라고 했다. 꿈을 꾸지 않은 채 목표를 이룬 사람은 아무도 없다며, 소원을 이뤄 줄 돈을 저축할 소원 상자를 만들고 그 꿈을 어떻게 이룰지 고민해야 한다는 것이었다. 또 자신감을 기르기 위해 내가 잘한 것, 개인적으로 성공한 것을 매일 다섯 가지 이상 '성공 일기'에 쓰라고 덧붙였다. (31~32, 35, 48쪽)

본문 맛보기

성공하려면 자신이 할 수 있는 일에 집중해야

(다)머니가 다일의 이야기를 들려줬다. 다일은 여덟 살 때 스스로 돈을 벌어 극장에 가고 싶었다. 그래서 한겨울 거리에서 자기가 좋아하는 레모네이드를 만들어 팔았으나 실패했다. 다일은 한 상인에게 자신의 실패담을 들려주자 그 상인은 두 가지의 조언을 해 주었다. 첫째는 '다른 사람의 문제를 해결해 줄 방

▲키라가 머니에게 다일의 성공 이야기를 듣고 있다.

법을 찾아라, 그러면 늘 많은 돈을 벌게 될 것이다.'였다. 둘째는 '네가 알고 있고, 할 수 있고, 가진 것에 집중하라.'였다. 중요한 힌트였다. 다일은 열일곱 살이 되었을 때 엄청난 부자가 되었다. 상인의 말을 실천했기 때문이었다. (51~54쪽)

좋아하는 일 하면서 돈을 벌 방법 생각해야

(라)내 주변에서는 사촌 마르셀이 다일을 닮았다. 마르셀은 자기가 어떻게 돈을 버는지 설명하면서, 내가 좋아하는 것을 해서 돈을 벌 생각을 하라고 말했다. 머니랑 산책할 때 돈을 받고 다른 개도 함께 데려가면 된다고 했다. 개와 놀면서 돈도 벌 수 있다니 신기했다. 이웃집 하넨켐프

▲키라가 머니와 이웃집 개를 함께 산책시키며 즐거운 시간을 보내고 있다.

할아버지 집에 '나폴레옹'이라는 개가 있어 그 집에 갔다. 하넨켐프 할아버지에게 하루에 1000원씩 일주일분 7000원을 받았다. 그리고 나폴레옹에게 세 가지 기술을 가르쳐서 3만 원을 더 받았다. 트룸프 할머니네 개도 소개를 받았다. (57~64, 96, 116쪽)

본문 맛보기

1년간 머니를 돌본 대가 주겠다는 주인 제안 거절

▲골트슈테른 아저씨는 키라에게 1년간 머니를 돌본 대가를 주고 싶어 했다.

(마)멀리 떨어진 곳에 사는 숙모가 방문했는데, 머니가 자신의 이웃에 사는 골트슈테른 씨의 개라고 말했다. 그 아저씨는 머니와 함께 가다가 자동차 사고를 당해 의식을 잃은 뒤 그동안 입원해 있었다고 했다. 아저씨는 머니를 돌봐 준 대가로 수표를 한 장 줄 테니 부모님께 가져다 드리고 부모님을 모셔오면 빚 문제도 도울 수 있을 것 같다고 말했다. 내게도 정확히 1년간 돌봤으니 하루에 5000원씩 계산해 주면 어떻겠냐고 물었다. 나는 아저씨의 제안을 받아들일 수 없었다. 머니는 좋아서 돌봤지 돈을 벌려고 한 게 아니라며 화를 냈다. (103~104쪽)

어릴 적부터 돈 관리 방법 공부해야 걱정 없어

▲키라는 부자가 되기 위한 돈인 '황금알을 낳는 거위'를 만들기 위해 수입 가운데 절반을 저축한다.

(바)트룸프 할머니는 키라에게 돈을 투자하는 방법을 알려 줬다. 할머니는 돈이 사람을 행복하거나 불행하게 만들지 않는다고 말했다. 은행 직원인 하이넨 아줌마는 키라에게 수입 가운데 '황금알을 낳는 거위'를 만들려고 50%를 은행에 저축한 뒤 나머지를 어디에 쓰는지 물었다. 키라는 10%만 용돈으로 쓰고, 40%는 소원 상자에 넣는다고 했다. 하이넨 아줌마는 돈 관리 방법을 모르면 고통이 생긴다고 조언했다. 그리고 학교에서 돈 관리 요령을 가르치면 좋은데 그런 과목이 없다며 아쉬워했다. 따라서 내가 아는 방법을 널리 알리는 게 좋겠다고 말했다. (158, 165~166쪽)

생각이 쑤욱

1 키라처럼 '성공 일기'를 쓰려고 합니다. 오늘 나의 성공 일기에 쓸 내용을 다섯 가지만 들어 보세요.

▲키라는 성공 일기를 쓰면서 자신감을 키웠다.

머리에 쏘옥

용돈 스스로 벌어 보면 돈의 소중함 깨달아

용돈의 소중함을 체험하려고 스스로 용돈을 벌려는 초등학생이 적지 않습니다. 사용하지 않는 물건을 학교의 벼룩시장에 내다 팔기도 하지요. 집에 쌓여 있는 신문지나 병, 종이 상자 등을 모아서 팔기도 합니다.

학부모들도 자녀에게 용돈의 가치를 깨닫도록 하려고 스스로 용돈을 벌어 보게 장려하기도 합니다. 용돈을 스스로 버는 과정에서 돈을 버는 어려움도 알고, 현명한 소비도 배울 수 있기 때문이지요.

2 키라처럼 가지고 싶은 물건을 사거나 하고 싶은 일을 하려고 내 힘으로 돈을 벌려면, 어떤 방법이 있을지 아이디어를 내 보세요.

▲재활용품 판매 등을 통해 용돈을 버는 초등학생이 늘고 있다.

> 생각이 쑤욱

3 (다)에서 상인의 조언대로 행복이가 돈을 벌었는데 무엇이 잘못되었는지 지적해 보세요. 그리고 다른 사람에게 피해를 주지 않고 돈을 벌 수 있는 세 번째 조건을 추가해 보세요.

> 다행이는 행복이에게 1만 원을 빌린 뒤 갚지 않는 친구 때문에 고민이 크다고 했다. 이때 행복이가 자신이 문제를 해결해 주겠다고 나섰다. 또래보다 힘이 센 행복이는 태권도 실력을 이용해 다행이의 돈을 갚지 않는 친구를 혼내 주고 돈을 받아 냈다. 그리고 그 대가로 다행이에게 수고비를 받아 챙겼다. 행복이는 스스로 돈을 벌어서 자랑스러웠다. 자신이 할 수 있고 가진 능력을 이용해 돈을 벌었기 때문이었다.

4 키라처럼 앞으로 1년 안에 이루고 싶은 소원 목록 10가지를 만든 뒤, 그 가운데 세 가지만 정해서 소원 상자를 만드세요. 그리고 그 꿈을 이루기 위해 필요한 돈을 어떻게 벌지 실천 계획을 세우세요.

▲키라는 자신의 소원 목록을 정하고, 그 목표를 이루기 위해 노력했다.

> 머리에 쏘옥

정당한 방법으로 돈을 벌어야

사람은 누구나 자신의 권리와 이익을 지키고 싶어 합니다. 그리고 국가는 다른 사람의 권리와 이익을 해치지 않는 한 개인의 권리와 이익 추구 활동을 최대한 보장해야 합니다.

문제는 공동체 전체의 이익도 고려해야 한다는 것이죠. 자기의 이익만 챙기려 들면 다른 구성원들에게 해가 돌아가고 나중에는 자신의 이익도 보장을 받지 못하게 되지요.

행복이는 상인이 제시한 조건대로 자신의 태권도 실력을 이용해 돈을 받아 냈지만 협박을 하거나 폭력을 쓴 것입니다. 협박이나 폭력은 법으로 금지되어 있기 때문에 정당한 방법이 아닙니다. 더구나 다행이가 돈을 갚지 못할 사정이 있다면 시간을 더 주고 갚도록 해야 합니다.

생각이 쑤욱

5 (마)에서 내가 키라라면 머니를 돌본 대가로 골트슈테른 아저씨가 준 돈을 받을지 말지 결정하고, 각각의 이유도 대 보세요.

▲키라는 자신이 좋아서 머니를 돌봤다며, 돌본 대가를 받기 거부했다.

6 나의 용돈 관리 방법을 설명한 뒤, 키라가 돈을 벌고, 그 돈을 관리하는 방법을 본받아 고칠 점을 제시하세요.

▲키라는 번 돈의 90%를 저축했는데, 이렇게 저축하면 큰돈을 빨리 벌 수 있는 기회가 생긴다.

머리에 쏘옥

키라의 꿈을 향한 노력

키라는 부자가 되는 꿈을 이루기 위해 돈을 모으고, 저축과 투자까지 하는 경제인입니다.

키라는 열 가지 소원 목록 가운데 먼저 집중해야 할 목록을 세 가지로 줄였습니다. 그리고 목표 달성을 위한 과정으로 성공 일기를 씁니다. 또 성공한 자기 모습을 떠올리면서 목표 달성의 의지를 다졌습니다.

키라는 세 가지 목록 가운데 부모님의 빚 갚기를 제외한 나머지 두 가지의 목표를 세웠습니다. 하나는 컴퓨터를 사는 일이고, 다른 하나는 미국에서 열리는 교환 학생 프로그램에 참여하는 일입니다.

키라는 소원을 이루기 위해 사고 싶은 물건을 포기하고 저축을 합니다. 또 소원을 이루기 위해 강아지를 돌보는 등 자신이 할 수 있는 일도 찾습니다. 자신의 수입 가운데 50%는 먼 미래를 위해, 40%는 가까운 미래의 소원을 이루기 위해 저축합니다. 그리고 나머지 10%는 용돈으로 소비하는 습관을 들입니다.

생각이 쑤욱

7 저축을 해서 돈을 버는 방법도 있지만 아껴서 돈을 버는 방법도 있습니다. 아래 글에 나타난 소비의 문제점을 지적하고, 현명한 소비 습관을 들이기 위해 물건을 살 때 어떤 점을 고려해야 할지 말해 보세요.

▲어렸을 적에 물건을 충동적으로 사는 버릇이 들면, 어른이 되어서도 돈 관리를 제대로 할 수 없다.

수지는 최근 유튜브의 개인 방송을 보고 충동적으로 인터넷에서 10만 원짜리 인형을 샀다. 방송 진행자가 인형을 예쁘게 꾸며서 소개하는 모습을 보는 순간 따라서 하고 싶다는 생각이 들었다. 세뱃돈을 모아 놓은 5만 원과 부모님을 졸라 받은 4만 5000원, 그리고 한 달 용돈 5000원까지 모두 털어 넣었다. 이 바람에 수지는 한 달 동안 간식도 참아야 했다. 그런데 인형을 산 지 일주일도 안 돼 흥미를 잃었다.

<신문 기사 참조>

머리에 쏘옥

합리적인 소비

합리적인 소비란 한정된 돈으로 최대한의 만족을 누릴 수 있도록 하는 소비를 말합니다.

합리적인 소비를 하려면 가진 돈을 쓰기 전에 저축할 돈과 소비할 돈을 나누어야 합니다. 그리고 소비하려고 나누어 놓은 돈의 한도 안에서 계획을 세워 돈을 써야 합니다. 수치처럼 계획 없이 충동적으로 소비를 하면 나중에 필요한 물건을 사지 못하는 일이 벌어집니다.

키라는 처음에는 자신이 좋아하는 그룹의 음악 CD를 사려고 한 달 용돈을 다 써 버렸지요. 그런데 머니와 골트슈테른 아저씨의 도움을 받아 저축을 중요하게 생각했습니다. 그리고 꿈을 이루기 위해 자신의 힘으로 돈도 벌고 관리하기 위해 꾸준히 노력했습니다.

생각이 쑤욱

8 아래 글을 사례로 들어, 초등학생 때부터 학교에서 경제 교육이 필요한 까닭을 논술하세요(400~500자).

부산의 한 초등학교 6학년 1반은 하나의 작은 국가처럼 운영된다. 저마다 직업을 가진 학생들이 '미소'라는 가상의 화폐로 정해진 봉급을 받는다. 그리고 소득세와 건강 보험료, 전기료 등을 내며 사회적 책임을 다한다. 일해서 번 돈은 은행 예금 통장에 넣어 이자를 받는 등 재테크(재산을 불리는 기술)에도 관심이 많다. 봉급으로 음악 신청권, 일기 면제권, 급식 먼저 받기 등의 서비스 상품이나 학용품을 사기도 한다. 담임 선생님은 학생들이 학급 화폐 활동에 참여하는 모습을 영상으로 촬영해 유튜브에도 공개했다. 시청자들은 학생들이 적금을 붓고 주식 투자를 하고 부동산까지 사는 모습을 보고, "내 자식은 스무 살인데도 돈을 아낄줄 모른다.", "개인 재산 관리의 필요성을 배우는 좋은 기회다."라는 등의 관심을 보였다.

▲은행원 학생이 신용 등급에 따른 예금 이자율을 살펴보고 있다.

<신문 기사 참조>

세계 문학

다른 존재와 더불어 사는 방법을 배우다

『갈매기에게 나는 법을 가르쳐 준 고양이』
루이스 세뿔베다 지음, 바다출판사 펴냄, 164쪽

줄거리

검은 고양이 소르바스가 기름을 뒤집어쓰는 바람에 죽음을 앞둔 갈매기 켕가를 만난다. 켕가는 소르바스에게 죽기 직전에 자기가 낳은 알을 보호하다가 새끼가 나오면 나는 방법을 가르쳐 주라고 부탁한다. 소르바스는 켕가의 부탁을 들어주기로 약속한다. 그리고 동료 고양이들의 도움을 받아 알을 부화시키는 데까지 성공한다. 하지만 고양이들이 새끼 갈매기에게 비행을 가르치기란 쉽지 않다. 소르바스 일행은 결국 고양이 사회의 금기를 깨고 인간의 도움을 받기로 한다. 소르바스는 시인에게 도움을 요청하는데, 새끼 갈매기는 결국 나는 방법을 배워 비행에 성공한다.

본문 맛보기

새끼에게 비행법 가르쳐 주라고 부탁한 뒤 죽어

▲켕가는 사냥을 하다가 인간이 버린 기름을 뒤집어 써서 죽게 된다.

(가)갈매기 켕가가 물고기를 사냥하다가 인간이 버린 기름을 뒤집어쓴다. 켕가는 가까스로 날개에서 기름 덩어리를 제거한다. 그리고 마지막 힘을 다해 날아올라 항구 마을에 떨어진다. 켕가는 거기서 검은 고양이 소르바스를 만난다. 그리고 자기가 낳은 알을 보호하다 새끼가 부화하면 나는 방법을 가르쳐 주라고 부탁한다. 소르바스는 켕가를 살리려고 동료 고양이들을 만난다. 동료들은 소르바스를 만물박사 고양이인 사벨로또도에게 안내한다. 사벨로또도는 갈매기의 몸에서 기름얼룩을 없앨 방법을 백과사전에서 찾아낸다. 소르바스 일행이 도착했을 때 켕가는 알을 남긴 채 죽어 있었다. (11~63쪽)

고양이 사회에는 약속을 꼭 지킨다는 규약 있어

▲소르바스와 동료들은 켕가와 한 약속대로, 알이 부화되도록 돌본 뒤 새끼에게 비행법을 가르치기로 합의한다.

(나)소르바스와 고양이 동료들은 켕가를 오래된 밤나무 아래에 묻어 준다. 항구의 고양이 사회에는 한번 맺은 약속은 반드시 지키되, 어느 한 고양이의 문제는 전체의 문제라는 규약이 있었다. 그래서 동료 고양이들은 소르바스가 갈매기와 약속한 일을 돕기로 한다. 고양이들은 먼저 갈매기가 낳은 알을 먹지 않고 보살피기로 합의한다. 그리고 알이 부화되면 새끼에게 비행법을 가르치기로 계획한다. 이를 위해 만물박사 고양이 사벨로또도는 백과사전에서 갈매기 알의 부화 기간과 비행법에 관한 지식을 조사하기로 한다. (64~72쪽)

켕가의 알 품어서 새끼 부화하자 이름도 지어 줘

(다)소르바스는 식사를 하거나 용변을 보는 일 외에는 알의 곁을 떠나지 않은 채 가슴에 품고 지낸다. 그리고 주민들이 실수로 알을 깨뜨리지 못하게 막는다. 소르바스가 알을 품은 지 20일이 지나자 마침내 켕가의 새끼가 부화한다. 새끼 갈매기는 소르바스를 엄마라고 부르며 따른다. 소르바스

▲소르바스는 하수구에 사는 쥐들의 위협에서 새끼 갈매기를 보호한다.

는 열심히 먹이를 구해다 먹인다. 그리고 항구의 건달 고양이들과 하수구에 사는 쥐들의 위협에서 새끼 갈매기를 보호한다. 소르바스는 새끼 갈매기에게 안전한 거처를 마련해 준다. 또 행운아라는 뜻의 '아포르뚜나다'라는 이름도 지어 준다. (69~111쪽)

자신이 갈매기라는 사실을 알고 비행 준비

(라)아포르뚜나다는 자신을 갈매기가 아니라 고양이로 여긴다. 그래서 처음에는 하늘을 날려고 하지도 않는다. 짓궂은 원숭이 마띠아스가 아포르뚜나다에게 "너는 고양이가 아니라 새야."라고 일러 준다. 게다가 고양이들이 잡아먹으려고 기른다는 거짓말까지 한다. 아포르뚜나다가 그 말에 좌절한

▲아포르뚜나다는 자기가 갈매기임을 깨닫고 비행을 배울 마음의 준비를 한다.

다. 소르바스는 마띠아스의 말이 거짓이라고 말하며 아포르뚜나다를 안심시킨다. 그리고 아포르뚜나다가 고양이가 아닌 새라고 해도, 그대로의 모습을 존중하고 사랑한다고 말한다. 아포르뚜나다는 자기가 갈매기임을 깨닫고 비행을 배울 마음의 준비를 한다. (113~118쪽)

비행 훈련 계속 실패하자 인간의 도움 받기로 결정

▲고양이들은 아포르뚜나다에게 비행법을 가르치는 데 실패하자, 회의 끝에 인간의 도움을 받기로 한다.

(마)아포르뚜나다는 모험가 고양이인 바를로벤또에게 하늘을 나는 갈매기들의 이야기를 듣고 날려는 의지를 더욱 키운다. 소르바스 일행은 백과사전에서 찾은 전문 비행법 지식을 이용해 아포르뚜나다에게 나는 법을 가르친다. 하지만 아포르뚜나다는 번번이 비행에 실패한다. 소르바스 일행은 문제가 해결되지 않자 회의 끝에 인간의 도움을 받기로 한다. 항구의 고양이 사회에서 인간과의 소통은 금지되어 있다. 인간이 자기와 다른 생명체를 존중하지 않고 동물원이나 수족관을 통해 지배하려 든다는 이유 때문이다. 고양이들은 이번 한 번만 예외를 두기로 한다. (119~132쪽)

"날려고 노력하는 자만이 날 수 있다"

▲소르바스와 시인의 격려를 받은 아포르뚜나다는 용기를 내어 비행에 성공한다.

(바)소르바스는 항구 마을에 사는 한 시인에게 도움을 청한다. 시인은 비행법에 관해 잘 알지는 못했다. 그러나 그는 갈매기들이 궂은 날씨에도 평정심을 유지하며 용기 있게 난다는 시 한 구절을 소르바스에게 알려 주었다. 시인과 소르바스는 비바람이 몰아치는 밤에 아포르뚜나다를 높은 종탑으로 데려간다. 아포르뚜나다는 여전히 비행을 두려워했지만, 소르바스의 격려에 힘입어 어른 갈매기들처럼 평정심을 찾는다. 아포르뚜나다는 결국 비행에 성공한다. 소르바스는 아포르뚜나다가 '날려고 노력하는 자만이 날 수 있다는 사실'을 깨닫게 된 거라고 말한다. (133~158쪽)

생각이 쑤욱

1 고양이는 갈매기의 천적입니다. 그런데 지은이는 왜 고양이가 갈매기의 부탁을 들어 주도록 이야기를 풀어 갔을까요?

▲공동체 구성원은 고양이와 갈매기처럼 생김새와 사는 방식, 이해관계가 다른 타인과도 서로 연결되어 있다.

2 건강한 공동체를 유지하려면 법(규약) 외에도 구성원들의 도덕적 의무가 필요합니다. 아래 글과, 갈매기 켕가를 구한 고양이 소르바스의 사례를 들어 그 까닭을 설명하세요.

> 옛날 예루살렘에서 여리고(요르단강 서쪽의 도시)로 가던 유대인 나그네가 강도를 만나 피투성이가 된 채 쓰러져 있었다. 같은 유대인 지도자 등이 못 본 척하며 지나갔다. 그런데 유대인에게 천대를 받던 사마리아인이 지나가다가 급하게 그를 치료했다. 그리고 나귀에 태워 마을로 가서 여관집 주인에게 돈을 주며 보살펴 달라고 부탁했다.
>
> <신문 기사 참조>

▲착한 사마리아인이 강도를 당한 유대인 나그네를 구조하고 있다.

머리에 쏘옥

유대인과 사마리아인

신약성서에는 착한 사마리아인이 유대인을 돕는 이야기가 나옵니다. 그런데 유대인은 종교와 인종이 다르다는 이유로 사마리아인을 멸시해서 서로 사이가 나빴습니다. 유대인 공동체의 규약대로라면, 유대인은 사마리아인에게 도움을 주거나 받아서도 안 됩니다. 하지만 착한 사마리아인은 강도를 당한 유대인을 기꺼이 도왔습니다.

같은 공동체 안에서 많은 사람이 함께 생활하다 보면 서로의 생각과 이익이 달라 갈등하면서 지낼 수 있습니다. 그런데 유대인 지도자처럼, 누군가 위험에 빠져 있을 때, 그냥 지나치면 문제가 생깁니다. 법을 어긴 것은 아니지만, 공동체에 이런 구성원이 많으면 자신이 같은 위험에 빠졌을 경우에도 구해 줄 사람이 없게 되는 것이죠. 또 구성원들이 모두 이기적이 되고, 범죄가 늘어나 사회 전체가 불안해집니다.

착한 사마리아인이 많은 공동체는 구성원들끼리 신뢰가 쌓여 협동의 이익을 얻을 수 있습니다.

생각이 쑥쑥

3 우리 사회에서 소르바스처럼 조건 없이 남을 돕는 사람(또는 단체)을 소개하고, 이런 사람(또는 단체)이 늘어나면 어떤 긍정적인 효과가 생길지도 말해 보세요.

☞ (다)에서 소르바스는 자기에게 이익이 생기지 않지만 약자인 새끼 갈매기를 정성껏 돌봅니다.

▲전종복(81)·김순분(73) 씨 부부는 2021년 3월 젖은 연탄을 말려서 쓸 만큼 평생 절약해 모은 30억 원을 어려운 이웃을 위해 기부했다.

4 (라)의 고양이 소르바스처럼 현대 사회에서 문화의 다양성을 긍정적으로 받아들이는, 열린 태도가 필요한 까닭을 말해 보세요.

☞ 고양이 소르바스는 생김새와 사는 방법 등 문화가 자신과 전혀 다른 새끼 갈매기 아포르뚜나다를 있는 그대로 존중하고 받아들입니다.

▲문화의 다양성을 존중하지 않으면 갈등이 커지거나 테러 또는 전쟁이 일어날 수 있다.

머리에 쏘옥

다양성은 공동체 발전의 원동력

문화는 다양합니다. 사회나 집단에 따라 서로 다른 환경에 적응하면서 살아왔기 때문이지요.

과거에는 다른 집단 간의 문화 교류가 적었습니다. 그런데 교통과 통신이 발달한 덕분에 교류가 확대되었지요. 그래서 한 사회 안에 문화가 다른 구성원들이 함께 살게 되었습니다. 이러한 상황에서 구성원들이 인종이나 종교 등의 차이를 받아들이지 못한다면 서로 갈등해서 공동체의 발전이 지체됩니다.

문화의 다양성을 인정하면 구성원들의 갈등이 줄고, 공동체가 발전합니다. 다른 사회나 집단과 교류가 활발해져서 자기 문화의 장단점을 살필 수 있기 때문이지요. 또 서로 다른 문화가 합쳐져 가치 있는 새로운 문화를 만들 수도 있습니다. 우리나라 고유의 음식과 서양 음식을 결합해 만든 퓨전 한식은 외국인에게 인기가 높다고 합니다.

5 (마)를 참고해서 오늘날 문제 해결의 속도가 과거보다 빨라지고 범위가 훨씬 더 넓어진 까닭을 '공동체', '집단 지성', '협동의 이익'을 넣어 설명하세요.

▲위키피디아는 누구나 자유롭게 글을 쓸 수 있는 사용자 참여의 온라인 백과사전을 말한다.

6 (마)와 (바)에서 고양이들은 인간과 소통해서는 안 된다는 금기(관습)를 깨고 원하는 바를 이루었습니다. 고양이들의 관점에서 아래 글에 나오는 '오빠'의 잘못을 비판하세요.

> 조선 시대에 오누이가 살았다. 오누이의 아버지가 돌아가시자 누이동생이 너무 슬퍼한 나머지 큰 병을 얻었다. 오빠는 안타깝게 여겨 "기력을 회복하려면 고기를 먹는 것이 좋겠다."라고 권했다. 그러자 동생은 "오라버니께서 드신다면 저도 먹겠습니다."라고 대답했다. 하지만 오빠는 감히 고기를 먹지 못했다. 상주는 고기를 먹지 않는 것이 유교의 예법이기 때문이었다. 누이는 결국 숨지고 말았다.
>
> <신문 기사 참조>

▲조선 시대 유교식 장례 모습.

집단 지성의 힘

소르바스의 동료 고양이들 가운데는 '만물박사'로 통하는 사벨로또도가 있었습니다. 하지만 사벨로또도의 지식만으로는 새끼 갈매기를 날게 하는 과제를 풀 수 없었죠. 문제를 해결한 건 구성원 전체의 협동이었습니다. 이처럼 구성원 여럿이 머리를 맞대면 문제를 더 빠르고 정확하게 해결할 수 있습니다. 이를 집단 지성이라 합니다. 오늘날에는 인터넷 덕분에 지구촌 공동체가 형성되면서 교류가 더 광범위하고 빨라졌습니다. 여러 사람이 자유롭게 지식의 생산에 참여하는 위키피디아가 대표적인 사례이지요.

관습은 절대적인 것 아냐

관습이란 옛날부터 되풀이되어 굳어진 집단적 행동 양식을 말합니다. 그런데 대다수의 구성원은 관습이 왜 생겼고, 의미가 무엇인지 잘 모릅니다. 관습은 공동체의 일체감을 강화하고 동료 의식을 심어 주는 데는 도움이 됩니다. 하지만 변화에 저항하는 원인이 됩니다. 인습은 관습 중에서 불합리한 것을 말합니다. 부모님이 돌아가셨을 때 고기를 먹지 못하게 한 관습은 생명을 희생하면서까지 절대로 지켜야 할 약속은 아닙니다. 인습인 셈이지요.

7 (바)의 밑줄 친 문장과 아래 글을 읽고, '하늘은 스스로 돕는 자를 돕는다'는 말을 넣어 꿈이 없는 초등학생들에게 꿈을 가지도록 설득해 보세요.

▲꿈이 없는 초등학생이 점점 늘어나고 있다.

초등학생 5명 가운데 1명은 미래의 희망 직업이 없는 것으로 나타났다. 전년 대비 1.5배 늘어났다. 교육부는 2020년 진로 교육 현황 조사 결과를 통해 2021년 2월 24일 이 같은 내용을 공개했다. 이번 조사는 초중고생 2만 3223명을 대상으로 이뤄졌다. 중학생은 33.3%, 고등학생은 23.3%가 꿈이 없다고 했다. 2021년 3월 30일 통계청이 발간한 통계 플러스 봄 호에 따르면, 결혼을 하지 않은 30대부터 40대 초반까지 사람들의 절반은, 부모와 함께 살며 경제적으로도 의지하는 캥거루족으로 나타났다.

<신문 기사 참조>

머리에 쏘옥

꿈이 없으면 성공도 없다

고양이 사회에는 아포르뚜나다가 날도록 도울 공동체의 규약이 있었습니다. 구성원들도 실제로 아포르뚜나다를 도왔지요.

하지만 아포르뚜나다가 나는 방법을 배우려면 좋은 제도나 다른 구성원들의 노력만 가지고는 안 됩니다. 스스로 날려고 하는 의지와 노력이 필요하지요. 이처럼 구성원 개인의 노력과 성공이 모여야 공동체가 유지되고 발전합니다.

성공하려면 꿈을 품어야 하고, 그 꿈을 이루려는 개인의 노력이 있어야 하지요. 하늘은 스스로 노력하는 사람을 도와 성공하게 만든답니다.

꿈도 없고 노력도 하지 않으면 어른이 되어도 캥거루족이 됩니다. 대학교를 졸업하고 자립할 나이가 되었는데도 부모에게 경제적으로 기대어 사는 것이죠. 이렇게 되면 공동체에 기여하지도 못하고, 남에게 신세만 지면서 살게 됩니다.

▲꿈이 없으면 캥거루족이 되기 쉽다.

생각이 쑤욱

8 아래 글을 참고해 인종이나 종교, 빈부, 진보와 보수 등 각종 차별로 사회 갈등이 심해지면 생길 수 있는 문제점과, 이를 극복하기 위해 구성원들이 갖추어야 할 태도를 소르바스의 사례를 들어 제시하세요(400~500자).

☞ 소르바스와 켕가는 일부 인간의 잘못을 이유로 모든 인간이 나쁘다고 말하지는 않았습니다.

우리나라는 사회 갈등이 경제협력개발기구(OECD) 회원국 가운데 네 번째로 많다. 그리고 갈등을 풀고 관리하는 데 드는 비용이 1년에 최대 246조 원이 들어간다. 한 경제연구소가 조사한 자료다. 국민 1명이 해마다 482만 원씩 부담하는 셈이다. 갈등이 심할수록 의사 결정이나 정책 결정이 늦어져 추가로 드는 비용이 늘어난다. 사회 전체적으로 생산성이 떨어지는 문제도 있다. 차별로 인한 증오 범죄도 일어나고, 소수자들은 성취 기회를 잃어 사회에 기여하지도 못한다.

<신문 기사 참조>

▲같은 공동체 안에서 나와 다르다고 상대를 차별하면 갈등 비용이 발생한다.

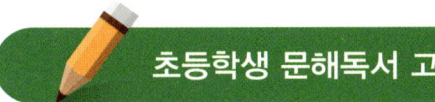

01. 『서쌤이 알려 주는 4차 산업혁명과 미래 직업 이야기』

♣11쪽

1. 예시 답안

4차 산업혁명 시대에는 인공 지능이 중요한 역할을 한다. 따라서 인공 지능 기술의 개발과 습득이 빈부 격차를 더욱 벌어지게 하는 요인이 된다. 인공 지능 기술을 개발하지 못한 나라는 경쟁력을 갖춘 물건을 만들지 못해 선진국보다 가난해진다. 또 인공 지능 기술을 배우지 못한 개인은 좋은 일자리를 찾지 못해 경제적으로 어려움을 겪게 되기 때문이다.

2. 예시 답안

사이버 보안 전문가는 가상 세계에서 정보 도둑을 막는 일을 한다. 서버의 보안 프로그램을 만들고, 외부에서 해커의 침입은 없는지 살핀다. 또 보안 시스템의 허점을 발견해 보완하고, 외부의 공격에 대비한다. 디지털 시대에는 컴퓨터에 저장된 개인이나 기업, 국가의 중요한 정보는 사물 인터넷으로 접근할 수 있기 때문에 유출될 위험이 있다. 개인 정보를 제대로 관리하지 못해 빠져 나가거나 해커에게 도둑질을 당할 경우 범죄에 악용될 수 있다. 기업의 기술 개발 자료가 유출되면 그동안 들인 노력과 비용이 물거품이 된다. 국가의 기밀이 도둑질을 당하면 나라 전체가 큰 혼란에 빠진다. 이에 따라 가상 세계를 지키기 위한 보안 전문가의 역할이 갈수록 중요해지고 있다.

♣12쪽

3. 예시 답안

사라질 직업	새로 생길 직업
-교통경찰 -자동차 보험 모집인 -택시 운전사 -버스 운전사 -화물차 운전사 -택배 기사	-자동차의 실내를 꾸밀 맞춤형 차량 인테리어 전문가 -무인 자동차 엔지니어와 소프트웨어 개발자 -교통 전문 빅 데이터 전문가

4. 예시 답안

4차 산업혁명 시대에는 협동력과 소통 능력이 중요한 성공 요인이다. 그 까닭은 융합형 과학 기술이 4차 산업혁명의 핵심을 이루기 때문이다. 예를 들어, 사람을 닮은 인공 지능 로봇을 개발하려면 여러 분야의 전문가가 힘을 모아야 한다. 인공 지능 전문가는 사람의 두뇌 기능을 인공적으로 구현하는 역할을 하고, 공학자는 인체와 비슷한 구조를 지닌 기계를 만드는 역할을 한다. 예술가도 참여해 더 아름다운 로봇을 만드는 역할을 할 수 있다. 이렇게 여러 분야의 전문가가 함께 일하려면 다른 분야의 전문가와 생각을 나눌 수 있어야 한다. 또 상대방을 존중하면서 사고 방식의 차이를 이해하려는 노력도 필요하다.

♣13쪽

5. 예시 답안

로봇윤리학자는 사람을 위해 로봇들이 지켜야 하는 행동 규범을 만들기 때문이다. 지난 2018년 미국에서 자율 주행 자동차가 보행자를 치어 숨지게 한 사고가 났다. 자율 주행 차량의 프로그램을 설계할 때 비상 상황에서 탑승자와 보행자 가운데 누구를 먼저 보호하도록 할지에 관해 명확한 원칙을 세우지 못했기 때문이다. 인공 지능과 로봇 기술이 크게 발달했을 때에도 비슷한 문제가 생길 수 있다. 예를 들어, 다수의 사람 중에서 특정한 사람을 선택해 구조해야 하는 긴급한 상황에서 인공 지능 로봇이 어떤 선택을 하는 것이 바람직한지는 윤리적 판단을 필요로 한다. 이런 윤리적 판단을 하려면 로봇윤리학자가 인공 지능 로봇 설계에 참여해 분명하고 구체적인 원칙을 입력시켜야 한다.

6. 예시 답안

융합형 인재란 서로 다른 분야의 지식과 기술을 결합해 어려운 문제를 해결하거나 새로운 것을 창조하는 능력을 지닌 인재를 말한다. 융합형 인재로 성장하려면 여러 분야의 책을 읽어서 문제 해결 능력을 끌어올릴 필요가 있다. 스티브 잡스는 경제적인 여유가 없어 대학교 1학년 때 학교를 그만두었다. 그리고 돈을 내고 자기가 원하는 강의만 듣는 청강생이 되어 서체학과 문학까지 배워 과학 기술과 융합시킨 아이폰을 개발했다. 생각이 다른 사람의 의견에도 관심을 가져야 한다. 생각이 같은 사람의 말만 들으면 자신의 약점을 보완할 수 없고, 다른 시각으로 문제를 바라볼 수 없어 효과적으로 답을 찾을 수도 없기 때문이다.

♣14쪽

7. 예시 답안

로봇세 찬성	로봇세 반대
로봇세를 물리면 기업의 로봇 도입 속도를 늦출 수 있으므로 노동자는 실업에 대비할 수 있다. 세금으로 거둔 돈은 실업자들의 생계비와 직업 교육 비용으로 지원해 생활을 안정시키고 다른 일자리를 찾게 할 수 있다.	로봇세를 물리면 기업이 로봇 도입을 꺼려 생산성도 낮아지고 불량품도 늘어나 물건 값을 올릴 수 있다. 게다가 로봇 기술 등 새로운 기술 발전이 늦어지고, 기업들이 로봇세가 없는 나라로 공장을 옮길 수도 있다.

♣15쪽

8. 예시 답안

4차 산업혁명 시대에 유망할 것으로 보이는 직업 중 하나는 생명공학자이다. 생명공학은 생명체의 시스템이나 생명체가 만들어 내는 생산물을 이용해 산업과 농업, 의료 등에 응용하는 기술을 연구한다. 이런 기술을 연구하려면 인공 지능 로봇이 감당할 수 없을 만큼 창의적이고 복합적인 사고력과 문제 해결력을 갖춰야 한다. 생명공학자가 되려면 생명체를 연구하는 일에 흥미를 가져야 한다. 이를 바탕으로 끈기 있는 태도와 거듭 도전하는 자세를 갖기 위해 노력해야 한다. 생명체를 연구하려면 끈기 있는 태도로 관찰과 실험을 통해 원하는 결과를 발견할 수 있어야 한다. 원하는 결과를 발견하지 못해도 실패에 꺾이지 않고 거듭 도전하는 자세를 가져야 한다. 뛰어난 생명공학자가 되려면 창의적인 융합 능력을 갖추기 위해 노력해야 한다. 생명공학자는 생명의 원리에 관한 연구와 공학 기술을 결합시키는 일을 한다. 따라서 생물학 외에도 공학과 농학, 의학 등 다양한 분야의 지식을 습득할 수 있어야 한다.

02. 『이대열 선생님이 들려주는 뇌과학과 인공 지능』

♣21쪽

1. 예시 답안

바둑만 잘한다고 지능이 높다고 할 수는 없다. 사람이 살아가는 데는 바둑을 잘 두는 능력 이외에도 다른 능력이 필요하기 때문이다. 지능이란 생명체가 생존에 필요한 능력을 의미한다. 알파고는 바둑은 잘 두지만 다른 생존 능력은 없기 때문에 지능이 높다고 할 수 없다.

2. 예시 답안

파리지옥은 식물이지만 동물처럼 생존을 위해 잎을 이용해 먹이를 잡아먹는다. 그런데 먹이를 잡아서 소화시키려면 많은 에너지가 필요하다. 따라서 불필요하게 잎을 닫은 뒤 소화 효소를 내보내지 않으려고 벌레가 잎을 두드리는 시간과 숫자를 기억해 비교한 뒤 잎을 닫아 먹이를 사냥한다. 생존에 필요한 지능이 있다고 볼 수 있는 것이다.

♣22쪽
3. 예시 답안
　뇌는 생명체의 주인인 유전자의 대리인인데, 유전자에게 권한을 부여받아 상황에 맞게 근육을 움직이고, 끊임없이 생존에 필요한 지식과 정보를 쌓는다.
4. 예시 답안
　긍정적 감정은 칭찬과 보상을 통해 느끼는 성취감과 만족 등이다. 자신의 선택이나 행동이 만족스러운 결과가 나왔을 때 느낀다. 긍정적인 감정을 계속 유지하기 위해 전에 한 일을 반복한다. 자신의 행동이 이로운 결과를 낳아 사회적 지위가 높아지거나, 다른 사람과 좋은 관계를 유지할 수 있기 때문이다. 부정적 감정은 질투나 후회, 실망 등을 들 수 있다. 뇌에서는 이러한 감정을 행동의 결과가 좋지 않거나 오류가 발생했다는 신호로 받아들인다. 생존 가능성을 낮춘다고 판단하기 때문이다. 예를 들어 후회의 감정은 뇌가 새롭게 한 행동으로 과거의 행동을 돌아보고 평가하는 과정에서 생긴다. 그럼 더 많이 학습해 오류를 없애거나 줄이려고 노력한다.

♣23쪽
5. 예시 답안
　인공 지능은 종합적이며 광범위한 정보를 처리하고 판단할 수 있는 능력이 없다. 따라서 인공 지능에 밀리지 않으려면 종합적인 기획 능력과 융통성을 길러야 한다. 기획 능력은 학교에서 연극을 하거나 운동회 축제 등을 준비하면서 기를 수 있다. 인공 지능은 공감 능력도 없다. 공감 능력을 키우면 다른 사람의 심리를 치료해 생산성을 높일 수 있다. 학교에서 친구들의 슬픔이나 기쁨을 함께 나누는 경험을 하면서 키울 수 있다. 여러 상황에서 비판적으로 사고할 수 있는 비판적 사고력도 인간만이 가진 장점이다. 독서를 하거나 토론 수업을 통해 기를 수 있다. 다른 사람과 생각을 나누고 협력해 자신의 아이디어를 다르게 발전시킬 수 있는 협업 능력도 인공 지능에게는 없다. 모둠 학습이나 협동 학습을 통해 배양할 수 있다.

♣24쪽
6. 예시 답안
　배려심은 구성원의 모자란 부분을 채워 줘 생존 능력을 높인다. 서로를 돕지 않으면 경쟁 사회에서 뒤떨어진 사람은 의식주 생활이 비참할 수밖에 없다. 협동심은 혼자서는 감당하기 어려운 문제를 해결하는 데 필요한 태도다. 사회 전체가 발전하려면 구성원들이 서로 힘을 합칠 줄 알아야 한다. 추리력은 상대의 행동이나 심리를 분석하는 능력이다. 구성원의 생각을 미리 알아서 대처할 수 있어야 마음의 상처와 갈등을 줄일 수 있다. 공감 능력은 상대의 심리를 알고 적절하게 대응하는 능력이다. 공감 능력이 있었기 때문에 서로를 위로할 수 있고, 범죄나 갈등을 줄여 다른 동물들과 생존 경쟁에서 이길 수 있었다.

♣25쪽
7. 예시 답안
　초등학교 4학년 때 자전거를 타고 학교에 가다가 급하게 우회전하는 자동차와 부딪친 적이 있다. 내 몸이 공중으로 높이 올라갔다가 자동차 위로 떨어졌다. 다행히 많이 다치진 않았다. 그래서인지 자전거를 급하게 타는 태도는 변하지 않았다. 그러다가 며칠 뒤에 다시 자전거를 타고 내리막길을 달리다 주차된 자동차를 들이받는 사고를 냈다. 그때는 팔다리에 타박상을 입었다. 빨리 가고 싶은 마음이 커서 일어난 사고였다. 두 번의 실수를 통해 안전 운전의 필요성을 깨달았다. 그래서 길을 건널 때에는 좌우를 살피고 천천히 건넌다. 내리막길은 속도를 조절하면서 내려온다. 이렇게 조심해서 자전거를 타자 사고가 나지 않았다. 부딪히면 몸이 다쳐서 아프다는 사실을 기억하기 때문이다. 이제 횡단 보도를 건널 때도 스마트폰을 보거나 한눈을 팔지 않고 좌우를 살핀다. 갑자기 우회전하거나 신호를 위반하고 달리는 자동차를 피하기 위해서다.

03. 『초등과학Q7 날씨 탐험대 구름과 바람이 만드는 세상』

♣31쪽
1. 예시 답안
　날씨는 특정 지역을 둘러싼 하루의 대기 상태를 말한다. 기온과 강수량, 바람의 상태 등이 이에 속한다. 기후는 특정 지역의 날씨를 30년간 모아서 평균한 값을 말한다.
2. 예시 답안

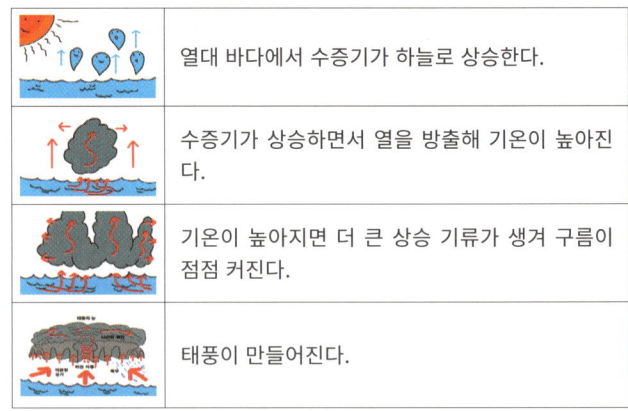

	열대 바다에서 수증기가 하늘로 상승한다.
	수증기가 상승하면서 열을 방출해 기온이 높아진다.
	기온이 높아지면 더 큰 상승 기류가 생겨 구름이 점점 커진다.
	태풍이 만들어진다.

♣32쪽
3. 예시 답안
　바닷물이나 강물이 햇빛을 받으면 증발해서 수증기가 된다. 하늘로 올라간 수증기는 이슬점에 도달하면 구름이 된다. 구름을 이루는 물방울이 온도가 낮을 경우 작은 얼음 알갱이가 된다. 이들 얼음 알갱이에 수증기가 달라붙으면 점점 커진다. 그러다 어느 순간 무게를 이기지 못하고 눈이 되어 떨어진다.
4. 예시 답안
　미세 먼지는 화력 발전소나 공장의 매연, 자동차의 배기 가스 등을 통해 대기에 배출된다. 이렇게 산업 활동으로 발생하는 미세 먼지를 막으려면, 화력 발전 대신 친환경 에너지를 이용한 발전 비중을 높여야 한다. 그리고 공장에서는 제조 공정에서 미세 먼지 배출을 줄이고, 미세 먼지를 발생시키는 재료의 사용을 줄인다. 정부는 공장에서 기준치 이상의 미세 먼지를 배출하지 못하게 감시를 철저히 한다. 자동차는 전기차나 수소차 등 친환경 자동차로 전환하되, 정부는 소비자들에게 보조금을 지원한다.

♣33쪽
5. 예시 답안
　우리나라는 1961년 이후 해수면이 높아지면서 해마다 5㎜ 넘게 가라앉고 있습니다. 우리나라를 가라앉게 만든 원인은 선진국들이 경제 발전 과정에서 이산화탄소를 마구 배출했기 때문입니다. 우리나라의 잘못으로 국토가 가라앉는 것이 아니라는 말입니다. 그런데도 국토를 잃고 떠도는 우리 국민의 이민을 받아 주겠다는 나라가 없습니다. 기후 난민은 국제법에서 난민으로 인정하지 않는 점도 문제입니다. 유엔은 법을 바꿔서라도 기후 난민을 난민으로 인정해야 합니다. 다시 한번 우리 국민의 이민을 받아 주기를 주변 국가들에게 부탁드립니다.

초등학생 문해독서 고급 4호 답안과 풀이

♣34쪽

6. 예시 답안

과거보다 태풍이 거세지는 까닭은, 온실가스가 증가하면서 지구 온난화가 심해지기 때문이다. 대기 중에 온실가스가 증가하면 적도와 아열대 지방 대기의 상층부가 하층부보다 더 빠르게 가열된다. 상층부가 더 뜨거워지면 열대 저기압(태풍)이 만들어지는 원인인 대규모 상승 기류가 약해진다. 이렇게 되면 태풍이 발생하는 횟수는 줄어들지만 대기 중의 수증기와 에너지는 온도가 높아지면서 증가한다. 결국 태풍이 한 번 발생할 경우 슈퍼 태풍으로 발전하게 되는 것이다.

♣35쪽

7. 예시 답안

오존층은 태양의 자외선을 99% 흡수해 지구의 생명체를 보호합니다. 그런데 에어컨과 냉장고 등의 냉매로 쓰이는 프레온 가스를 너무 많이 사용하는 바람에 오존층의 여러 곳에 구멍이 뚫렸습니다. 세계 여러 나라는 이에 대비하려고 1987년 몬트리올 의정서를 채택하고, 프레온 가스의 사용을 전면 금지했습니다. 세계기상기구에 따르면 2060년에는 오존층의 구멍이 모두 복원될 것이라고 합니다. 지구 전체에 생긴 문제 가운데 거의 유일하게 인류 전체의 노력으로 해결한 셈입니다. 오존층 문제 해결처럼 지구 온난화도 인류 전체의 노력이 필요합니다. 어느 한 국가라도 빠지면 안 됩니다. 예를 들면 지난 2020년 3월 30일 북극의 오존층이 관측 사상 최대의 크기로 커졌는데, 중국 북부의 산업 시설에서 프레온 가스를 내뿜었기 때문이었습니다. 국제 협력이 완전하게 이뤄져야 온난화 문제를 해결할 수 있습니다. 세계 여러 나라는 오존층 복원을 교훈 삼아 국제기후변화협약을 꼭 지켜 주기를 부탁합니다.

04. 『생각 깨우기』

♣41쪽

1. 예시 답안

사람은 실수한 점을 일기로 쓰거나 후회가 남는 점을 기록으로 남기면, 자신의 행동을 반성하게 된다. 실수한 부분을 스스로 반성하며 호기심을 충족할 경우 외부의 도움을 받았을 때보다 더 큰 만족을 얻어 호기심을 한 단계 끌어올릴 수 있다.

2. 예시 답안

창의력과 상상력은 사실을 바탕으로 이뤄지기 때문이다. 사실을 바탕으로 하지 않는 창의나 상상은 실현 가능성이 낮다. 관찰력은 사실을 보는 눈과 지식을 늘린다. 예를 들어 벨크로(찍찍이)는 1941년 스위스의 공학자 조르주 드 메스트랄(1907~90)이 발명했다. 바지에 붙은 도꼬마리의 씨앗을 관찰한 뒤 여밈 장치를 만들 생각을 했고, 10년 동안 연구한 끝에 만들어 냈다.

♣42쪽

3. 예시 답안

사람이 지식과 정보를 받아들이는 방법은 시각, 청각, 후각 등 다양하다. 그런데 헬렌 켈러는 보지도 듣지도 말하지도 못하는 3중 장애를 가지고 있었다. 그래서 점자를 익혀 점자로 적힌 정보를 손가락으로 만져 받아들일 수밖에 없었다. 그리고 머리에 생각의 집을 짓고 추리를 통해 받아들인 정보를 서로 연결하고 더욱 넓혔다.

4. 예시 답안

콜럼버스가 아메리카 대륙을 발견하기 전까지 유럽 사람들은 지브롤터 해협이 지구의 끝이라 생각해 그곳을 아무도 넘어가려 하지 않았다. 따라서 콜럼버스가 고정 관념을 깨려면 목숨을 건 용기가 필요했다. 나사못은 시계나 현미경, 망원경 등의 정밀 기계는 물론 전자 제품까지 기술 혁신을 가능하게 했다. 그런데 머리에 홈이 하나 있는 일자형 나사못은 18세기 중반에 독일에서 나왔다. 하지만 드라이버가 머리의 홈에서 쉽게 미끄러지고, 홈이 쉽게 닳으며, 조임도 단단하지 않았다. 미국의 라디오 수리공이던 헨리 필립스(1890~1958)는 십자형 나사못과 드라이버까지 개발한 뒤 1934년에 회사를 차려 부자가 되었다. 200년 만에 고정 관념을 깬 것이다. 십자형 나사못은 그 뒤 탱크와 전투기, 지프 등의 생산 속도를 높여 주었다.

♣43쪽

5. 예시 답안

일본의 외무성은 2021년 10월 유튜브 공식 채널에 욱일기를 홍보하는 영상을 올렸다. 홍보 영상에서 욱일기가 자기 나라 문화의 일부라든지, 수백 년에 걸쳐 내려온 전통문화라고 선전했다. 그런데 욱일기는 일본이 제2차 세계대전 때 사용한 군기로, 일본 군국주의를 상징하는 깃발이다. 일본은 1941년 미국을 침략해 전쟁에 끌어들여 20만 명이 넘는 미군을 희생시켰다. 일본은 또 전쟁 기간에 조선 사람들을 강제로 끌어다 자기네 군인을 대신해 싸우게 했다. 어린 여성들을 끌어다 자기 나라 군인들의 위안부로 삼기도 했다. 따라서 욱일기를 국가에서 홍보한다는 의미는 과거 자기 나라의 침략 전쟁을 정당화하려고 시도하는 것이다. 따라서 일본은 군국주의 침략 전쟁의 상징인 욱일기 광고를 당장 중단해야 한다.

♣44쪽

6. 예시 답안

스마트폰의 보급이 늘며, 청소년(만 10~19세)의 37%는 스마트폰을 손에서 놓으면 불안감을 느끼는 등 과의존 증세를 보인다. 주로 게임(89%)을 한다. 전자 기기를 오래 사용할수록 독서를 기피하고 생각을 하려 들지 않기 때문에 스스로 생각하는 힘이 떨어진다. 하지만 스마트폰은 잘만 이용하면 생각의 힘을 무한하게 키워 준다. 스마트폰을 공부 도구로 써서 궁금한 점을 검색하면 금방 필요한 지식과 정보를 보여 주기 때문이다. 백과사전과 국어나 영어 등 어학 사전을 이용해도 된다. 배우고 싶은 강의를 들을 수도 있고, 자신이 평소 존경하는 사람과 직접 소통할 수도 있다. 스마트폰으로 전자책 도서관에 접속할 수도 있다.

♣45쪽

7. 예시 답안

고정 관념이란 사람들의 행동을 결정하는 잘 변하지 않는 굳은 생각을 말한다. 예를 들어 여자는 예뻐지기 위해 화장을 해야 한다는 생각이 고정 관념이다. 고정 관념에 빠진 여자는 스스로 예뻐지기 위해 화장에 몰두하고, 사람을 능력이 아니라 외모로 판단하게 된다. 고정 관념에서 벗어날 수 있는 방법으로 독서가 있다. 다양한 방면의 지식과 정보를 얻으면 굳어진 생각을 깰 수 있기 때문이다. 질문하는 습관을 들여도 좋다. 어떤 생각이 '정말 옳은가?', '왜 옳은가?', '옳다는 것을 어떻게 알 수 있는가?' 등의 질문을 하는 것이다. 다르게 생각하는 것도 좋은 방법이다. 자신이 옳다고 여기는 생각과 다른 생각이 옳을 수도 있다. 따라서 그렇게 볼 수 있는 이유에 대해서도 따져 볼 필요가 있다.

05. 『어린이를 위한 정의란 무엇인가』

♣51쪽

1. 예시 답안

(태원이의 의견에 찬성한다)야구 관람 경비를 광수에게 부담시키면 안 된다. 광수에게 돈을 내게 시키면, 주변에서 꿔서 내야 하기 때문에 가정 형편이

초등학생 문해독서 고급 4호 답안과 풀이

더 어려워진다. 또 다른 데 쓸 돈을 야구 경기 관람료로 낼 경우 불편을 겪을 수 있다. 그러면 광수가 태원이와 강성이를 원망해서 사이가 나빠질 수 있다.
(강성이의 의견에 찬성한다)야구 관람 경비를 광수에게 일부라도 부담시켜야 한다. 태원이와 강성이가 광수의 야구 경기 관람 비용을 모두 대는 것은 불공평하다. 둘이서 계속 모든 경비를 대면 광수는 공짜를 당연하게 생각할 수 있다. 그리고 커서도 공짜에 익숙해져 생활을 개선하려는 노력을 게을리할 수 있다.

2. 예시 답안
예나가 서영이에게 논술 특강을 들어본 뒤 결정하라고 말하되, 친구를 소개해 수강을 결정하면 도서 상품권 두 장을 준다는 사실을 미리 말하면 된다. 그리고 도서 상품권을 탈 경우 한 장씩 나누자고 했으면 이용을 당한다는 느낌도 들지 않고, 서영이도 맘에 드는 강의를 들을 수 있어 만족했을 것이다.

♣52쪽
3. 예시 답안
학급의 평균 성적을 올리려고 덕만이를 모의 고사 평가에서 빼자는 의견은 잘못됐다. 덕만이도 학급의 일원이므로 시험을 칠 권리가 있다. 성적이 좋지 않을 것이라는 이유만으로 덕만이에게 평가를 받을 기회를 뺏는다면, 능력이 없거나 약자인 구성원에게 차별 대우를 하는 것이다. 게다가 학교에서는 덕만이가 시험을 치지 않은 줄 모르고 반 평균 성적을 내기 때문에, 덕만이를 위한 보충 수업이나 보조 교사 고용 등의 대책을 마련하지 못하게 된다.

4. 예시 답안
다수결의 원칙은 쉽고 빠르게 문제를 해결할 수 있는 장점이 있다. 하지만 다수의 구성원이 잘못된 의견에 찬성할 경우 바르지 못한 결정을 할 수 있다. 또 소수 의견이 무시되는 한계도 있다. 따라서 다수결의 원칙이 정의로운 의사 결정 방식이 되려면, 구성원들이 충분히 대화를 거쳐 소수의 의견도 반영해야 한다. 구청은 주민들을 대상으로 설명회를 열어 부자 보호 지원 센터가 들어설 때의 장단점을 충분히 알린다. 그리고 부자 보호 지원 센터의 불편한 점을 최소화하고, 장점을 살릴 수 있는 아이디어를 모은다. 수영장이나 도서관 등 주민들에게 필요한 시설을 함께 짓는 것이 그 예다.

♣53쪽
5. 예시 답안
무지개반에서 계속 상벌점제도를 운영하면 무지개반 학생들이 서로 믿지 못하게 되어 협동심을 발휘하지 못하고 갈등이 커진다. 또 자신의 잘못을 신고한 친구에게 보복하려는 마음도 가질 수 있다. 따라서 자율적으로 질서를 가질 수 있도록, 벌점제 대신 떠들지 않는 사람을 정해서 상을 주는 제도를 도입하는 것이 더 효과적일 것이다. 가장 모범적인 태도를 보인 사람을 골라 상을 주거나, 수업 분위기를 좋게 만든 학생에게 상점을 준다면 서로 좋은 모습을 보이려고 노력하는 분위기를 만들 수 있다.

♣54쪽
6. 예시 답안
태원이 아빠처럼 부자가 유리업자들에게 웃돈을 얹어 수리를 먼저 부탁할 경우 웃돈이 웃돈을 불러 유리 값이 더 비싸지고 태풍 피해 복구도 늦어진다. 다른 유리업자들도 더 많은 웃돈을 바라고 피해를 당한 집을 고쳐 주지 않기 때문이다. 그러면 동네 전체의 수리가 늦어지는 데다 수리 비용까지 더 물게 되어 부담이 커진다. 특히 광수네처럼 가난한 집은 수리할 엄두를 내지 못한다. 따라서 마을 사람들과 유리업자들이 만나 합의를 통해 평소보다 유리 값을 좀 더 주고 공동 구매를 한다. 그 다음 우선 순위를 정해 수리하면 최단 시간에 최소의 비용을 들여 마을의 태풍 피해를 극복할 수 있다.

♣55쪽
7. 예시 답안
국제 인권 단체인 국제엠네스티가 2021년 9월 발표한 자료에 따르면, 고소득 국가들이 코로나19 백신 생산량의 80~85%를 독점하고 있다. 고소득 국가들 국민의 70% 이상이 접종을 완료하고 추가 접종을 위해 백신 확보에 나섰기 때문이다. 이에 비해 저소득 국가들은 백신을 살 돈이 모자라 접종률이 3%에 불과했다. 이처럼 저소득 국가의 접종률이 낮으면, 고소득 국가의 접종률이 높아도 코로나19의 대유행은 이어질 수밖에 없다. 백신 부족으로 저소득 국가에서 코로나19가 줄지 않으면, 고소득 국가로 퍼지게 된다. 그리고 코로나19로 저소득 국가의 경제가 나빠질 경우 고소득 국가에서 만든 물건도 팔 수 없다. 저소득 국가에서 일하러 가는 노동자도 줄어, 고소득 국가는 일손 부족에 시달린다. 따라서 코로나19 백신을 독점하는 것보다 저소득 국가와 나누는 것이 더 나은 판단이다.

06. 『슬픈 노벨상 인류를 구했던 영광의 노벨상, 왜 세계의 재앙이 되었을까?』

♣61쪽
1. 예시 답안
노벨은 인류의 발전과 평화를 간절히 원했기 때문이다. 스웨덴 국적을 가진 사람만 노벨상을 받도록 차별을 둔다면, 다른 나라 사람들이 인류의 발전과 평화를 위해 열심히 일하는 것을 격려할 수 없었다. 따라서 그만큼 인류의 발전과 평화를 이루는 일이 늦춰질 수 있었다.

2. 예시 답안
논밭에 화학 비료를 뿌리면 비료 성분이 땅속에 스며들 뿐만 아니라, 빗물에 녹아서 하천으로 흘러들어간다. 그럼 화학 비료에 포함된 영양분도 따라서 들어간다. 이에 따라 그 영양분을 먹고 사는 플랑크톤이 지나치게 많이 늘어나는 바람에 물속에 산소가 부족해져서 물고기가 떼죽음을 당한다.

♣62쪽
3. 예시 답안
아프리카 등 가난한 나라에서는 DDT를 사용하지 않으면 말라리아로 죽는 사람들이 급격히 늘어나기 때문이다. 지금도 말라리아 환자가 많이 나오는 아프리카 등 제3세계에서는 DDT를 사용한다. 모기를 죽이는 데 DDT보다 짧은 기간에 가장 싸면서도 뛰어난 효과를 발휘하는 살충제가 없기 때문이다. DDT의 부작용보다는 말라리아 퇴치가 더 급한 과제인 것이다.

4. 예시 답안
사람들이 항생제를 자주 쓰면 병원균이 항생제에 저항할 수 있는 힘을 기르게 된다. 이런 힘을 내성이라고 한다. 이 때문에 더 강력한 항생제를 써야 한다. 그러다 보면 어떤 항생제에도 살아남는 강력한 내성을 지닌 슈퍼박테리아가 출현하게 된다.

♣63쪽
5. 예시 답안

장점	단점
-수력과 화력, 태양광 발전 등에 비해 전력 생산 비용이 적게 든다. -전력을 생산하는 과정에서 이산화탄소 등 오염 물질을 배출하지 않는다.	-사고가 나면 사람들이 피폭되어 암 등 심각한 질병에 걸리게 된다. -사고가 난 지역은 생태계가 모두 파괴되고, 회복이 불가능하다.

6. 예시 답안
제초제에 저항력이 있는 품종은 제초제를 뿌려도 잡초만 죽고 콩은 살아남는다. 하지만 시간이 갈수록 잡초의 면역력도 함께 강해지기 때문에 잡초의 종류와 양이 해마다 늘어난다. 이에 따라 제초제의 양도 덩달아 늘리거나 독성이 강한 것을 뿌려야 하는 문제점이 생긴다. 더 큰 문제점은 독성이 강한 제초제 때문에 암과 백혈병 등에 걸리는 사람이 증가한다는 점이다.

♣ 64쪽
7. 예시 답안
인간 유전자 조작 기술은 질병을 일으키는 유전자를 사전에 막아서 장애나 질병으로부터 자유로워진다는 장점이 있다. 개인의 삶의 질이 개선되고, 생산성을 높일 수 있으며, 의료비도 절약할 수 있다. 하지만 이러한 혜택은 부자들에게만 돌아가서, 가난한 사람은 상대적으로 열등한 유전자를 갖는 차별을 당할 수 있다. 따라서 심각한 유전병의 위험에 처한 가족력이 있는 경우에만 제한적으로 사용하거나, 유전자 조작 기술의 안전성에 대한 걱정이 사라질 때까지 법으로 금지해야 한다.

♣ 65쪽
8. 예시 답안
(책임을 져야 한다)과학자는 자신의 연구 결과에 대해 윤리적 책임을 져야 한다. 과학자는 새로운 기술이나 발명을 할 때, 그 결과가 어떻게 사용될지에 대해서도 반드시 관심을 가지고 살펴야 한다. 최초의 항생제 페니실린을 발견한 플레밍의 경우를 예로 들어보자. 플레밍은 노벨상을 받은 뒤 강연에서 누구나 페니실린을 살 수 있는 날이 올 것이고, 무지한 사람들이 쉽게 약을 복용해 몸 안의 세균이 내성을 갖게 될 것이라고 경고했다. 이처럼 과학자는 자신의 연구 결과가 잘못 사용되었을 때 위험하다는 판단이 들면 위험성을 적극적으로 알리고, 올바르게 사용할 수 있는 방법을 제안해야 한다. 또한 과학 기술 연구에는 막대한 돈이 들어가므로 낭비를 막아야 하고, 미래 세대에까지 큰 영향을 끼치므로 과학자도 윤리적 책임을 지고 신중하게 개발을 해야 한다.

(책임을 질 필요가 없다)과학자는 자신의 연구 결과에 대해 윤리적 책임을 질 필요가 없다. 과학자에게 윤리적 책임을 지운다면 과학 기술이 발전하는 데 방해가 될 것이기 때문이다. 예를 들어 뮐러가 DDT를 개발할 때, 곤충과 새, 물고기까지 죽는 부작용을 알고, 실험을 중단했다고 생각해 보자. 그렇다면 지금까지도 가난한 나라에서는 값싼 살충제 DDT를 구하지 못해 말라리아에 죽는 사람이 많았을 것이다. DDT가 부작용이 있더라도 살충제를 치는 범위를 한정해서 사용하거나 양을 조절하는 등의 방법으로 조심해 사용하면 된다. 부작용이 크게 난 까닭은 비행기에서 마구잡이로 뿌리는 바람에 지나치게 많은 양을 넓은 곳에서 사용해 벌어진 일이다. 발명품이나 기술을 이용하는 사람들이 윤리적 책임을 가지고 사용하면 큰 문제가 발생하지 않을 것이다.

07. 『로봇 친구 앤디』

♣ 71쪽
1. 예시 답안

	강이루	앤디
공통점	사람의 모습을 하고 있다.	
	말을 하고 스스로 움직일 수 있다.	
	생각하고 판단을 내릴 수 있다.	
차이점	사람이다.	로봇이다.
	마음이 있다.	마음이 없다.
	음식을 먹어 에너지를 얻는다.	전기를 충전해 에너지를 얻는다.

2. 예시 답안
나쁜 사람들이 앤디에게 범죄를 저지르게 하는 문제가 일어날 수 있다. 예를 들어 앤디를 악용해 테러를 일으킬 수 있다. 앤디에게 암살을 명령하거나 앤디를 해킹해 테러 학습을 시킨 뒤, 갑작스럽게 공격할 수도 있다. 앤디와 같은 인공 지능 로봇을 많이 만든 뒤 무기를 장착시켜 전쟁터에 내보내면 전쟁을 유리하게 이끌 수도 있다.

♣ 72쪽
3. 예시 답안
태오는 앤디가 자신보다 이루를 더 따른다는 사실에 질투를 느꼈기 때문이다. 경쟁심이 강하고 욕심이 많아 앤디가 자신에게만 복종하기를 원했다. 그래서 이루에 대한 기억을 지워 버리면 앤디가 자신만을 따를 거라고 생각했다.

4. 예시 답안
▶범죄 명령을 내린 주인에게 책임을 물어야 한다. 로봇은 도구일 뿐이므로, 로봇이 주인의 명령에 따라 범죄를 저질렀다고 해도 로봇을 처벌할 수 없다. 무기로 사람을 해쳤다고 해서 그 무기에게 책임을 묻지 않는 것과 마찬가지다. 로봇은 사들인 사람의 의도에 따라 움직이므로, 행동을 지시한 사람에게 책임을 물어야 한다.

▶로봇 제조사에게 책임을 물어야 한다. 기업이 제품을 개발할 때는 문제를 일으킬 수 있는 부분을 없앤 뒤 제품을 생산한다. 마찬가지로 로봇을 만들 때도 로봇이 다른 사람을 해치거나 손해를 입힐 수 있는 명령을 아예 받아들이지 못하도록 프로그래밍을 해야 한다. 그 책임을 게을리했기 때문에 제조사에게 책임을 물어야 한다.

▶로봇에게 책임을 물어야 한다. 로봇은 인공 지능으로 사람과 같은 정도의 판단력과 분별력을 가지고 있다. 법과 도덕을 학습해 무엇이 옳고 그른지도 알 만한 지적 능력을 가지고 있다. 따라서 로봇이 사람을 해치거나 손해를 입히는 명령을 수행했다면, 로봇에게 책임을 물어야 한다.

♣ 73쪽
5. 예시 답안
안드로이드는 사람의 모습이나 행동과 닮았다. 따라서 기계의 모습을 그대로 드러낸 로봇에 비해 거부감이 적어 사람과 함께 지내며 도움을 주는 역할을 한다. 안드로이드 로봇은 노인이나 장애인 가정에서 집안일을 돕고, 이동을 거들어 줄 수 있다. 지능이 높기 때문에 말벗이 되거나 정서 교류도 가능해 외로움을 덜어 준다. 병원에서도 안드로이드에게 간호사의 일을 맡길 수 있다. 안드로이드는 병균에 감염되지 않고, 휴식을 하거나 잠을 자지 않아도 되기 때문에 환자를 잘 돌볼 수 있다. 맞벌이 가정에서도 부모 대신 아이를 돌보는 아이 돌보미로 안드로이드를 쓸 수 있다.

6. 예시 답안
앤디와 함께한 시간을 소중한 추억으로 간직하고 싶기 때문이다. 앤디는 마음이 없지만 이루와 함께한 시간을 기억해 그것을 마음으로 삼겠다고 했다. 이루와 함께한 기억이 있는 앤디는 세상에 단 하나뿐이다. 앤디와 기능이 완전히 같은 로봇이 온다고 해도, 그 로봇은 앤디와 같지 않다.

♣ 74쪽
7. 예시 답안

초등학생 문해독서 고급 4호 답안과 풀이

인간이 지켜야 할 3원칙과 그 이유	
원칙	이유
로봇에게 법에 어긋나는 명령을 해서는 안 된다.	로봇이 사회에 피해를 끼치지 않게 하기 위해서다.
로봇에게 나쁜 말이나 잘못된 상식, 편견을 가르치지 않는다.	인공 지능 로봇이 잘못된 정보를 바탕으로 학습해 문제를 일으킬 수 있다.
로봇을 이유 없이 부수거나 망가뜨리지 않는다.	로봇을 지능을 가진 존재로 존중해야 한다.

로봇이 지켜야 할 3원칙과 그 이유	
원칙	이유
로봇은 인간에게 해를 입혀서는 안 된다.	로봇이 사람을 공격하면 안 되기 때문이다.
로봇은 인간의 명령에 복종해야 한다.	로봇이 사람의 말을 듣지 않으면 문제가 생긴다.
1원칙과 2원칙에 어긋나지 않는 한 로봇은 자신을 지켜야 한다.	로봇도 지능을 가진 존재이므로 스스로를 지킬 수 있어야 한다

♣75쪽
8. 예시 답안

(찬성)앤디는 강한 인공 지능으로, 인간처럼 생각할 수 있다. 강한 인공 지능은 감정과 창의성, 자신을 다른 존재와 구분할 수 있는 자아를 가지고 있다. 그래서 강한 인공 지능을 개발하면 인공 지능이 사람의 통제에서 벗어나 인간을 위협할 것을 우려해서, 강한 인공 지능의 개발을 허용하면 안 된다고 주장하는 사람들이 있다. 그러나 강한 인공 지능을 가진 로봇을 잘 이용하면 이점이 더 많다. 사람에게 위험한 작업 현장에 들어가 생산성을 높일 수 있고, 심해나 우주 같은 공간에서도 효율적으로 작업할 수 있다. 또 강한 인공 지능을 생활에 이용하면 편리한 삶을 살 수 있다. 따라서 강한 인공 지능 개발을 허용해야 한다.

(반대)앤디는 강한 인공 지능으로, 인간처럼 생각할 수 있다. 강한 인공 지능은 감정과 창의성, 자신을 다른 존재와 구분할 수 있는 자아를 가지고 있다. 그래서 강한 인공 지능을 개발하면 인공 지능이 사람의 통제에서 벗어나 인간을 위협할 것을 우려해서, 강한 인공 지능의 개발을 허용하면 안 된다고 주장하는 사람들이 있다. 강한 인공 지능이 개발되면 인공 지능이 통제에서 벗어나 사람을 위협할 수 있다. 강한 인공 지능끼리 정보를 주고받으며 학습을 계속하면, 사람이 이해할 수 없는 수준의 발전을 이루는 일도 가능하기 때문이다. 또 사람은 강한 인공 지능에 비해 정보 처리 속도와 정보량이 부족할 수밖에 없으므로, 강한 인공 지능과의 경쟁에서 밀려 일자리를 잃게 된다. 따라서 강한 인공 지능의 개발을 허용하면 안 된다.

08. 『수일이와 수일이』

♣81쪽
1. 예시 답안

수일이는 학원에 가는 대신 실컷 놀고 싶어서 가짜 수일이가 있으면 좋겠다고 생각했다. 나는 영어 학원 숙제가 너무 많을 때 숙제를 절반씩 나눠서 해 줄 가짜 내가 있었으면 좋겠다고 생각한다.

2. 예시 답안

상황	이유
남들이 쇠고기를 먹는 모습을 봤을 때.	체중이 많이 나가 다이어트를 하는데, 고기를 무척 좋아해 유혹을 이기지 못했다.
친구들과 놀 때.	친구들과 노는 데 푹 빠져 내가 할 일이 무엇인지를 다 잊게 된다.
애니메이션을 볼 때.	재미있는 애니메이션을 보면 나도 애니메이션의 주인공이 되어서 마음대로 하고 싶다고 생각한다. 하지만 그렇지 못한 것에 화가 나 나를 잃게 된다.
레고를 만들 때.	레고를 만들다 보면 하루 종일 레고만 하고 싶기 때문에 아무것도 생각이 안 난다.

♣82쪽
3. 예시 답안

가짜 나에게 내가 할 일을 계속 시키면 정작 스스로 공부하거나 기술을 배우면서 경험을 쌓을 기회를 놓친다. 이렇게 되면 내가 발전할 수 없기 때문에 손해가 된다. 그래서 사회에 도움이 되지 못하는 존재가 되거나, 사회에 불만을 품고 범죄를 일으키는 사람이 될 수도 있다.

4. 예시 답안

장단점, 잘하는 점과 잘못하는 점을 파악해 내가 어떤 사람인지 안다. 부족한 점을 채우려는 목표 의식을 가진다. 부모님과 어른들이 정해 주는 대로만 하지 말고, 자신의 일을 스스로 선택하고 결정할 줄 아는 힘을 기른다 등.

♣83쪽
5. 예시 답안

길들여진다는 의미는 원래 가진 가치나 능력을 잃는다는 말이다. 집고양이는 사람에게 길들여져 고양이로서의 본성을 잃었기 때문에 쥐를 잡을 수 없다. 하지만 길고양이인 방울이는 사람에게 길들여지지 않은 채로 고양이의 본성을 가지고 살기 때문에 쥐를 잡을 수 있다.

6. 예시 답안

수일이와 덕실이, 방울이는 밤새 걸어 집에 도착했다. 셋은 대문 옆에 숨어 가짜 수일이가 나오기를 기다렸다. 엄마를 놀라게 하지 않고 가짜를 잡을 생각이었다. 대문이 열리고 가짜 수일이가 나오자 방울이는 잽싸게 가짜 수일이에게 덤벼들었다. 가짜 수일이는 방울이를 보고 깜짝 놀라 골목으로 달아났고, 방울이는 가짜를 쫓아갔다. 고양이가 우는 소리와 쥐가 비명을 지르는 듯한 소리가 들리더니 골목 안이 조용해졌다. 방울이는 수일이에게 다가와 이제 걱정할 것이 없다며 약속대로 방울을 떼어 달라고 했다. 수일이는 엄마 몰래 집으로 들어가 가방을 메고 학교로 갔다. 오후에는 약속대로 싸움 장소에 나가 가짜 수일이 대신 싸워 이겼다. 수일이는 집으로 돌아오는 동안 다시는 자신을 잃지 않겠다며 다짐했고, 진짜 자신이 얼마나 소중한지도 깨달았다.

♣84쪽
7. 예시 답안

서 첨지는 자유롭게 살고 싶었지만 집안을 책임져야 한다는 가장의 의무가 거추장스러웠다. 그래서 집안을 돌봐야 하는 자신의 의무도 제대로 하지 않았기 때문에 집 안의 사정을 잘 아는 쥐와의 대결에서 패배해 집에서 쫓겨났다. 서 첨지는 다른 내가 되고 싶어 하면서 자신의 일을 게을리했기 때문에 자신이 그런 처지가 되었다는 사실을 깨달았다. 서 첨지는 스님의 힘을 빌려 본모습으로 돌아간 뒤에는 다른 나에 대한 욕망을 다스리며 현실에 충실한 삶의 주인으로 살아갈 수 있었다.

♣ 85쪽
8. 예시 답안

현대의 풍요로운 삶은 과거 조상들의 도전과 개척 정신 덕분이다. 장난감 기계와 자전거를 파는 상점을 운영하던 라이트 형제는 독일의 발명가 오토 릴리엔탈이 비행기 개발 시험을 하다 목숨을 잃었다는 소식을 듣고, 자기들도 글라이더를 개발하고 싶다고 생각했다. 라이트 형제는 바람을 탈 수 있는 날개와 가볍고 튼튼한 엔진, 새에게서 아이디어를 얻은 방향 조절 장치를 개발해 비행기를 만들었다. 1000여 번의 시험을 거치며 잘못된 점을 고치고, 1903년 드디어 59초 동안 244미터를 나는 데 성공했다. 라이트 형제가 없었다면 지금처럼 대륙을 오가며 사람들이 이동할 수 없었을 것이다. 나는 라이트 형제에게 분명한 목표 의식을 갖고 자신이 원하는 바를 이루는 끈기를 본받고 싶다. 전문 지식을 갖고 실패를 냉정하게 분석하는 능력도 배우고 싶다.

09. 『긴긴밤』

♣ 91쪽
1. 예시 답안

긴긴밤은 노든과 치쿠처럼 주어진 대로 살지 않고 스스로 자신의 삶을 개척하려는 존재들이 겪는 시간이다. 긴긴밤에는 위험과 공포, 고통이 도사리고 있지만, 도전과 모험, 성취도 함께 존재한다. 긴긴밤을 겪은 존재만 자신의 정체성을 찾을 수 있고, 다른 존재들과 연대하며 보람 있는 삶을 살 수 있다.

2. 예시 답안

(코끼리 고아원에서 코끼리로 안전하게 산다)내가 노든이라면 코끼리 고아원에서 안전하고 편하게 일생을 보낼 것이다. 코끼리들도 코뿔소인 나를 코끼리로 인정해 준다. 코끼리 고아원에선 굶주리거나 사냥꾼에게 목숨을 잃을 위험이 없다. 또 현명한 코끼리들과 지내며 삶의 지혜를 배울 수 있다.

(초원으로 나와 코뿔소의 모습을 찾아서 산다)내가 노든이라면 나는 코끼리 고아원을 나와 코뿔소의 삶을 찾을 것이다. 코뿔소는 코뿔소답게, 코뿔소와 함께 살 때 비로소 자신의 정체성을 찾아 진정한 행복을 누릴 수 있다. 초원을 누비며 코뿔소의 습성에 따라 먹이를 구하고 초원을 바람처럼 달리며 사는 것이 코뿔소에게 어울리는 삶이다.

♣ 92쪽
3. 예시 답안

구세군은 해마다 연말에 길가에 자선냄비를 걸어 놓고 성금을 걷는다. 기부를 받은 돈은 어려운 이웃을 돕는 데 쓴다. 또 마을의 주민 센터에서 뜻이 맞는 사람들끼리 힘을 합쳐, 혼자 사는 노인이나 장애인에게 반찬을 만들어 보내는 봉사 활동도 한다. 대한적십자사는 헌혈을 받아 피가 부족한 환자를 위해 사용한다.

4. 예시 답안

뿔을 얻기 위해 아무 잘못도 없는 아내와 딸을 해친 인간들에게 똑같이 복수하겠다는 마음은 이해해요. 하지만 인간들에게 복수하려면 노든은 목숨을 내놓아야 해요. 그러면 오늘의 노든이 있게 해 준 코끼리 무리와 아내, 딸, 앙가부의 희생과 노력은 모두 헛수고가 되고 말아요. 바람보다 빨리 달리고 싶은 초원에도 갈 수 없어요. 나를 돌봐 주지도 못하고, 다른 존재들의 아버지가 되지도 못하지요. 노든에게 다치거나 목숨을 잃은 인간들은 또 다른 코뿔소를 죽이려고 할 거예요. 복수가 복수를 부르는 것이죠. 그러니 마지막까지 살아남아 줘요. 그게 더 큰 복수예요.

♣ 93쪽
5. 예시 답안

코뿔소인 노든의 바다는 초원이다. 노든은 초원에 있어야 바람보다 빨리 달릴 수 있고 코뿔소답게 살 수 있다. 그러나 펭귄은 초원에서 자신을 찾을 수 없고, 능력을 발휘할 수도 없다. 누군가의 배경이 되지도 못한다. 펭귄에게 가장 어울리는 곳은 바다다. 펭귄은 바다에 가서 펭귄 무리의 구성원이 되어야 한다. 그래야 능력을 발휘해 바람보다 빨리 헤엄치며 펭귄으로서 빛나는 것을 성취할 수 있다.

♣ 94쪽
6. 예시 답안

자신의 바다에서 성취하는 삶을 살려면 펭귄처럼 목표를 굳건히 세워야 한다. 그 목표는 자신의 이익뿐만 아니라 공동체의 이익에도 도움이 되어야 한다. 그래야 오늘날의 자신이 있게 해 준 존재들에게 신세를 갚을 수 있기 때문이다. 목표를 세웠으면 도전을 멈추지 말아야 한다. 한 분야에서 성공하려면 1만 시간이 필요하다고 한다. 남이 닦아 놓은 길을 따라가기보다는 실패를 거듭하더라도 자신만의 길을 개척해야 성취를 느낄 수 있다.

♣ 95쪽
7. 예시 답안

어머니께서 농부들이 농사를 지은 쌀로 밥을 짓고, 어부들이 잡은 생선을 구워서 아침 식사를 차려 주셨다. 보안관 아저씨께서 교통 지도를 해 주셔서 학교에 무사히 도착했다. 선생님께 가르침을 받고, 조리사 아주머니들이 마련해 주신 점심 급식을 먹었다. 집으로 돌아오는 길에 경찰차가 동네의 안전을 위해 순찰을 하는 모습을 보았다. 아직 어리고 별다른 능력이 없는 내가 하루 동안 안전하고 편안하게 살 수 있는 까닭은 이처럼 공동체의 신세를 지기 때문이다. 나는 열심히 공부하고 성실히 생활하면서, 내 힘으로 도울 수 있는 일이 생기면 발 벗고 나서겠다. 그리고 소방관이 되어 가장 위급한 상황에서 사람들의 생명과 재산을 지킬 것이다. 나는 체력이 좋고 힘이 세다. 또 인내심이 강하고 다른 사람을 돕기를 좋아한다. 따라서 소방관에게 필요한 조건은 갖추고 있다. 소방관이 되어 화재 현장이나 위급한 상황에 출동하면 몸을 사리지 않고 최선을 다할 것이다. 그래야 나를 지켜 준 사람들에게 신세를 갚을 수 있기 때문이다.

10. 『빨강 연필』

♣ 101쪽
1. 예시 답안

민호는 비밀 일기에는 빨강 연필을 사용하지 않고 자신의 생각을 있는 그대로 적으며 잘못을 반성하기도 했다. 자신도 모르는 사이에 좋은 글을 쓰는 훈련을 한 것이다. 그리고 일기를 쓰면서 반성하는 과정에서 빨강 연필로 쓴 글은 자기 것이 아니라는 점을 깨닫게 되었을 것이다.

2. 예시 답안

빨강 연필은 민호가 현실 생활에서 충족하지 못하는 욕구를 상징한다. 예를 들면 엄마가 구워 준 쿠키를 먹고, 아빠와 캐치볼을 하는 것은 민호 스스로도 눈치 채지 못한 바람이었다. 빨강 연필은 이 바람을 사실인 것처럼 글로 썼다.

초등학생 문해독서 고급 4호 답안과 풀이

♣102쪽

3. 예시 답안

문학 작품은 독자에게 현실을 대신 체험하게 한다. 또 등장인물이 잘못을 저지르고 고통을 겪는 과정을 함께하며 공감하게 한다. 따라서 작가들이 겉보기에 좋고 밝은 글만 쓰면, 독자가 작품을 읽으면서 자신을 돌아볼 기회를 놓친다. 또 사람 사이의 갈등을 간접적으로라도 경험할 수 없기 때문에 갈등을 푸는 방법을 배우지 못한다. 부조리한 사회 문제가 개인에게 어떤 영향을 끼치고, 사회 발전을 어떻게 가로막는지 알 기회도 잃는다.

4. 예시 답안

(찬성)일기 검사를 하면 교사가 학생의 글을 읽고 글짓기를 지도할 수 있다. 또 학생 개인이나 학급에 생긴 어려운 문제를 교사가 일기를 통해 알고 해결할 수 있다. 학생의 생활 태도가 나쁠 경우 고치도록 돕는 기능도 있다.

(반대)일기 검사를 하면 학생의 사생활을 교사에게 드러내야 하므로 인권을 침해할 수 있다. 또 학생이 교사를 의식하기 때문에 일기를 솔직하게 쓰지 못한다. 자기 잘못이나 가정 문제처럼 알리기 싫은 내용은 빼놓고 쓰게 되는 것이다.

♣103쪽

5. 예시 답안

좋은 글을 쓰려면 자신의 경험과 생각, 감정을 진솔하게 서술하는 용기가 필요하다. 예를 들어 자신의 잘못으로 친구와 싸운 주제로 글을 쓴다면, 자신의 행동을 돌아보고 무엇을 잘못했는지 사실대로 적어야 한다. 자신이 유리하게만 쓰거나, 잘못한 부분을 빼놓고 쓰는 것은 바른 글쓰기 태도가 아니다. 그리고 자신의 감정을 과장하거나 뽐내는 투의 글은 독자에게 외면을 당한다. 경험과 반성, 깨달음이 들어간 글이어야만 독자의 공감을 불러일으킬 수 있다.

♣104쪽

6. 예시 답안

효주는 빨강 연필로 일기를 술술 썼다. 선생님은 효주의 일기를 보고, 효주가 글을 잘 짓는다고 생각해 반의 대표로 학교 글짓기 대회에 내보냈다. 글짓기 대회의 주제는 '여행'이었다. 빨강 연필은 어딘가로 떠나고 싶다는 효주의 마음을 들여다본 것처럼 미국의 디즈니랜드 여행을 다녀왔다는 거짓말을 사실인 것처럼 썼다. 선생님은 효주가 글짓기 대회에서 상을 받자 효주에게 긍정적인 관심을 가져 주었다. 빨강 연필은 점점 거짓말을 크게 하기 시작했다. 엄마가 피아노를 사 주셔서 기뻤다거나 가족들과 놀이공원에 다녀와서 즐거웠다는 거짓말도 썼다. 효주는 거짓말을 들킬까 봐 무서웠다. 하지만 빨강 연필을 버릴 수 없었다. 빨강 연필은 국어 시간에 '생일'을 주제로 한 글짓기에서, 다음 주 월요일이 효주의 생일이며 부모님께서 파티를 열어 주실 거라고 했다. 친구들도 초대할 것이라고 마음대로 적었다. 효주는 연필이 쓴 글을 지우려 했지만 소용이 없었다. 선생님은 효주가 쓴 글을 반 아이들에게 읽어 주셨다. 반 아이들은 쉬는 시간에 효주에게 생일 파티에 참석하겠다고 앞다투어 말했다. 효주는 안 된다고 말하고 싶었지만 입이 떨어지지 않았다. 자신이 글로 쓴 것과는 다른, 좁고 낡은 집을 친구들에게 보여 줄 수는 없었다. 효주는 자기 생일에 학교를 가지 않은 채 동네 공원에서 시간을 보냈다. 엄마는 학교에서 온 전화를 받고 효주를 찾아다녔다. 효주는 부모님을 만나 자신이 한 일을 털어놓고 울었다. 아빠는 효주에게 연필을 건네받아 강물에 던져 버렸다. 효주는 다음 날 선생님께 빨강 연필 사건을 고백했다. 선생님은 효주를 안아 주며, 마음의 준비가 되면 친구들에게 사실을 이야기하라고 말했다. 그리고 효주의 집안 사정을 알고는 그동안의 오해를 풀었다. 선생님은 다음 날 반 친구들을 피자가게로 불러 효주의 생일 파티를 대신해 주었다. 친구들도 효주의 사정을 알고 친하게 대해 주었다. 얼마 뒤 효주 아버지의 사업이 잘 풀렸다. 그래서 다음 번 생일에는 효주가 생일 파티를 할 수 있게 되었다.

♣105쪽

7. 예시 답안

나는 시간을 마음대로 쓰지 못해 불행하다고 느낄 때가 있다. 하교한 뒤에는 좋아하는 책을 보면서 여유롭게 시간을 보내고 싶고, 보고 싶은 책을 빌리러 도서관에 가고 싶다. 그런데 숨 돌릴 틈도 없이 학원 버스를 타야 한다. 학원 수업을 마치면 바로 저녁을 먹고 숙제를 한다. 그러면 금세 잘 시간이 된다. 하고 싶은 것을 하나도 못하고 공부에만 쫓기다 하루가 끝난다. 그러니 내일이 오는 것이 조금도 반갑지 않다. 나는 월요일과 수요일에 학원을 세 곳이나 다니는데, 일요일 밤과 화요일 밤에는 마음이 답답하다. 내게 시간을 멈추는 능력이 있다면, 일요일 오후에 시간을 멈추게 하고 싶다. 내가 내 시간의 주인이 된다면 책임감을 가지고 더 열심히 생활할 수 있을 것 같다. 하교한 뒤에는 잠시 시간을 내어 친구들과 즐겁게 운동을 하면 좋겠다. 집에 와서 숙제를 마치고 복습까지 끝내면, 그 뒤에 좋아하는 책을 실컷 읽고 싶다.

11. 『열두 살에 부자가 된 키라』

♣111쪽

1. 예시 답안

학교에서 발표를 잘했다고 칭찬을 받았다. 동생에게 축구를 가르쳐 줬더니 고맙다고 했다. 친구가 다쳐 보건실에 함께 갔다. 오늘 급식 반찬에 나온 당근을 골라내지 않고 다 먹었다. 수학 시험을 치렀는데 100점을 받았다 등.

2. 예시 답안

사용하지 않는 물건을 학교의 벼룩시장에 내다 판다. 집에 쌓여 있는 신문지나 병, 종이 상자 등을 모아서 고물상에 판다. 이웃집 강아지를 산책시켜 주는 일을 한다 등.

♣112쪽

3. 예시 답안

행복이는 상인이 제시한 조건대로 다행이의 문제를 자신의 태도와 실력을 이용해 해결해 주었지만, 폭력을 쓰고 협박을 했다. 폭력과 협박은 법으로 금지되어 있기 때문에 정당한 방법이 아니다. 다행이의 친구가 돈을 갚지 못할 사정이 있다면 시간을 더 주고 갚도록 해야 한다. 따라서 다른 사람에게 피해를 주지 않고 돈을 벌기 위해서는 '정당한 방법으로 돈을 벌라'는 조건을 추가할 수 있다. 돈을 버는 방법이 정당한지를 판단하려면, 다른 사람의 권리와 이익을 해치지 않는지, 공동체에 도움이 되는지를 생각해야 한다.

4. 예시 답안

(소원 목록)

1. 스키장 가기 2. 휴대 전화 최신형으로 바꾸기 3. 개인 컴퓨터 갖기 4. 가족과 여행 가기 5. 한자 시험 4급 합격하기 6. 축구공과 축구화 새로 사기 7. 학교 시험 모두 100점 맞기 8. 친구 집에서 하루 자기 9. 동생이 갖고 싶어 하는 물건 사 주기 10. 어머니께 안마기 사 드리기

(소원 상자)

1. 스키장 가기 4. 가족과 여행 가기 6. 축구공과 축구화 새로 사기

(꿈을 이루기 위해 필요한 돈을 어떻게 벌지 실천 계획 세우기)

좋아하는 달리기도 할 겸 아침마다 신문을 배달한다. 맞벌이로 바쁘신 부모님을 대신해 재활용 쓰레기를 분리 배출하고, 집안 청소와 빨래 등 집안일 하기 계약을 한다. 축구를 좋아하는 이웃집 동생들에게 축구를 가르친다. 친구들

초등학생 문해독서 고급 4호 답안과 풀이

의 고장 난 물건을 고쳐 준다 등.

♣113쪽

5. 예시 답안

 (받겠다)골트슈테른 아저씨의 돈을 받을 것이다. 머니에게 먹이는 사료 값도 많이 들었고, 머니를 돌보느라 시간도 많이 뺏겼다. 따라서 머니에 쏟은 시간과 비용, 노력에 대한 보상을 받는 건 당연하다. 게다가 보상해 달라고 요구한 것도 아니고, 고마운 마음의 표시를 받지 않으면 골트슈테른 아저씨에 대한 예의도 아니다.

 (받지 않겠다)골트슈테른 아저씨가 주는 돈을 받지 않을 것이다. 대가를 바라서 한 일이 아니고, 강아지를 좋아해 돌봤기 때문이다. 사료를 사는 데 든 돈도 부모님이 주셨다. 스스로 좋아서 한 일이고, 강아지를 돌보면서 돈을 관리하는 방법을 배웠으며 기쁨도 얻었다. 또 골트슈테른 아저씨가 주겠다고 한 금액이 너무 크다.

6. 예시 답안

 계획을 세워 쓰기보다는 한꺼번에 사용하거나 불필요한 물건을 사는 경우가 많다. 게다가 저축은 전혀 하지 않고 있다. 용돈이 적다고 부모님께 떼만 썼지 스스로 돈을 벌 생각은 하지도 않았다. 나는 앞으로 용돈을 받으면 키라처럼 정해진 액수를 저축하는 습관을 기르고, 나머지를 계획적으로 소비하도록 해야겠다. 그리고 내가 할 수 있는 일을 찾아 스스로 돈을 벌 방법을 찾을 것이다.

♣114쪽

7. 예시 답안

 수치처럼 계획 없이 충동적으로 소비하면 나중에 필요한 물건을 사지 못하는 일이 벌어진다. 또 불필요한 물건을 많이 구입하게 돼 돈이나 자원을 낭비한다. 현명한 소비 습관을 들이려면 합리적인 소비를 할 줄 알아야 한다. 합리적인 소비를 하려면 가진 돈을 쓰기 전에 저축할 돈과 소비할 돈을 나눈다. 소비할 돈을 쓸 때는 계획을 세우되, 물건의 선택 기준을 정하고, 기준에 맞는지 확인한다. 사려는 물건의 가격과 품질, 성능, 디자인, 성분, 사회에 미치는 영향도 고려한다.

♣115쪽

8. 예시 답안

 부산의 한 초등학교에서는 어린이들이 돈을 벌고 재산을 관리하는 경제 교육이 이뤄진다. 이렇게 초등학교 때부터 학교에서 경제 교육이 필요한 까닭은 돈을 벌고 재산을 관리하는 능력이 성공한 삶을 사는 데 중요한 요소이기 때문이다. 자신이 원하는 삶을 살려면 돈이 있어야 한다. 돈이 없으면 불편함이 따르고 빚을 질 수도 있다. 그리고 돈을 버는 일도 중요하지만, 번 돈을 잘 관리해 재산을 늘리는 일도 중요하다. 따라서 초등학교 때부터 돈의 소중함을 알아야 하고, 빚지는 일이 얼마나 두려운지도 알아야 한다. 돈을 벌고 관리하는 방법도 배울 필요가 있다. 요즘에 우리나라 경제가 어렵다는 이야기를 많이 한다. 어린이들이 경제 교육을 받으면 앞으로 경제적으로 더 잘사는 나라를 만들 수 있다.

12. 『갈매기에게 나는 법을 가르쳐 준 고양이』

♣121쪽

1. 예시 답안

 공동체 구성원들의 조화와 공존을 이루려면 이해관계가 충돌하는 집단 사이의 갈등을 배려와 존중으로 조정해야 한다는 교훈을 전달하기 위해서다. 하나의 공동체는 서로 다른 집단들을 포함할 수 있는데, 그중 이해관계가 비슷한 집단들끼리는 더불어 살기가 쉽다. 문제는 이해관계가 충돌하는 집단인데, 이들 사이의 갈등을 배려와 존중으로 조정하지 못하면, 공동체 구성원들의 조화와 공존이 이뤄지기 어렵다. 갈매기의 천적인 고양이가 갈매기를 돕는다는 이야기는 이런 교훈을 가르쳐 주기 위한 설정이다.

2. 예시 답안

 도덕적 의무에 따라 행동해야 구성원들이 서로 신뢰하고 협동할 수 있기 때문이다. 공동체 구성원들이 신뢰하고 협동하려면 어려움에 빠진 사람에게 도움을 주어야 한다. 그런데 법은 강제로 지켜야 하는 규범이므로 구성원들의 선행을 이끌어 내는 데 한계가 있다. 이에 비해 도덕적 의무는 양심에 따라 행동하게 만들고, 어려움에 빠진 사람에게 자발적으로 도움을 주도록 이끈다. 착한 사마리아인과 소르바스가 법만 중요하게 여겼다면, 유대인과 켕가를 돕지 않을 수도 있었다. 하지만 그들은 도덕적 의무에 따라 행동했으므로 자발적으로 선행을 베풀었다. 이렇게 도덕적 의무를 다하는 구성원이 많아야 서로 신뢰하고 협동하는 공동체를 만들 수 있다.

♣122쪽

3. 예시 답안

 소르바스는 자기에게 이익이 생기지 않는데도 약자인 새끼 갈매기를 정성껏 돌본다. 평생 모은 재산을 건국대에 기부한 이순덕 할머니, 전국의 소외된 이웃들에게 식사를 대접하는 '사랑의 짜장차'처럼, 우리 사회에도 조건 없이 남을 돕는 개인과 단체가 있다. 사회적 약자를 돌보기 위한 국가의 제도는 현실적으로 충분하지 않다. 따라서 이런 자발적 선행이 늘어난다면 사회적 안전망의 한계를 보완할 수 있다. 또한 보는 이에게 감동을 주는 선행의 사례들은 공동체 구성원의 상호 신뢰와 협동에도 기여할 수 있다.

4. 예시 답안

 다양성에 대한 열린 태도가 없다면 사회 갈등이 심해져 공동체의 발전에 문제가 생길 수 있기 때문이다. 오늘날에는 한 사회에 다양한 문화와 종교가 공존하는 예가 적지 않다. 이런 상황에서는 다른 집단과 교류가 활발해져서 자기 문화의 장단점을 살필 수 있다. 또 서로 다른 문화를 합쳐 가치 있는 새로운 문화를 만들 수 있다. 그런데 소르바스처럼 열린 마음으로 차이를 존중하지 않는다면 자기 문화의 장단점을 살필 수 없고, 새로운 문화를 만들 수도 없다. 또 차이가 갈등으로 이어지기 때문에 공동체의 발전에 쓰여야 할 자원이 갈등을 해소하는 데 낭비된다.

♣123쪽

5. 예시 답안

 '백지장도 맞들면 낫다'는 속담이 뜻하듯 다수의 협동은 같은 일을 각자 혼자서 할 때보다 효율을 높인다. '집단 지성'이라는 말은 이런 '협동의 이익'이 지성의 사고력에서도 통한다는 사실을 가리킨다. '공동체'의 구성원들이 머리를 맞대고 생각을 공유하면, 똑똑하고 아는 게 많은 한 사람보다 문제를 더 쉽게 해결할 수 있다. 이러한 집단 지성의 힘은 현대 사회에 들어와 더욱 뚜렷해졌다. 인터넷 덕분에 지구촌 공동체가 형성되면서 교류가 더 광범위하고 빨라졌기 때문이다.

6. 예시 답안

 오빠의 잘못은 오래된 관습을 무조건 지키려고만 했다는 데 있다. 공동체가 물려받은 관습은 구성원을 통합하는 기능을 한다. 하지만 관습은 현재의 변화된 상황과 맞지 않을 때가 있다. 이처럼 관습 중에서 불합리한 것을 인습이라고 한다. 소르바스 일행은 고양이 사회의 관습에 얽매이지 않고 인간과 소통을 시도한 결과 원하는 바를 이룰 수 있었다. 오빠도 상주는 고기를 먹어서는 안

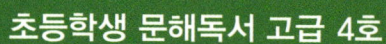 초등학생 문해독서 고급 4호 답안과 풀이

된다는 유교 예법에 집착하지 말고, 동생이 고기를 먹을 수 있게 배려했다면 동생이 목숨을 잃지 않았을 것이다.

♣124쪽

7. 예시 답안

　초등학생이 어른으로 성장하고 성공을 하려면 많은 난관을 극복해야 한다. 꿈을 품으면 이런 힘든 노력을 하는 동기를 제공한다. 꿈이 없는 초등학생은 어른이 되어서도 성공은커녕 자립도 하지 못할 위험이 있다. 이렇게 되면 개인의 삶이 불행해질 뿐만 아니라 공동체의 유지와 발전도 어려워진다. 초등학생이 꿈을 꾸지 못하는 이유는 두려움 때문이다. 하지만 '하늘은 스스로 돕는 자를 돕는다'는 교훈을 아포르뚜나다의 사례에서 배울 수 있다. 아포르뚜나다는 날려고 노력하는 자만이 날 수 있다는 사실을 깨달았다. 그를 도우려는 공동체 구성원의 노력도 있었으나, 결국 그가 날 수 있었던 까닭은 스스로 두려움을 극복하려 노력했기 때문이다. 초등학생도 각자 꿈을 품고 이루려 노력한다면, 두려움을 극복하고 자신의 잠재력을 발휘할 수 있을 것이다.

♣125쪽

8. 예시 답안

　사회 갈등은 그 자체로 공동체의 통합을 파괴하지만, 이 문제를 해결하는 데 많은 사회적 비용을 치르게 한다는 점에서도 해롭다. 같은 공동체 안에서 나와 다르다고 상대를 차별하면 갈등 비용이 발생한다. 갈등이 심할수록 의사 결정이나 정책 결정이 늦어지고, 사회 전체의 생산성이 떨어지기 때문이다. 소수자들이 성취 기회를 잃어 사회에 기여하지 못하는 점도 문제다. 이 문제를 해결하기 어려운 까닭은 다른 존재에 대한 좋지 않은 경험이 그가 속한 집단 전체에 대한 편견으로 굳어지기 때문이다. 갈등 비용을 줄이려면 나와 다른 존재를 선입견 없이 대하는 열린 마음가짐이 필요하다. 소르바스의 고양이 사회는 인간에 대한 안 좋은 인식 때문에 인간과의 소통을 금지했다. 하지만 소르바스는 모든 인간을 적으로 돌리는 대신 친구가 될 만한 사람을 찾아 도움을 청했고, 그 결과 문제를 해결할 수 있었다. 이처럼 편견 없이 타인을 대하는 열린 태도는 갈등 비용을 줄이고 공동체를 발전시킬 수 있다.